コロナ危機を
生き残る

飲食店の秘密

チェーン店デザイン
日本一の設計士が教える
「ダサカッコイイ」の法則

著
大西良典
OLL DESIGN代表

扶桑社

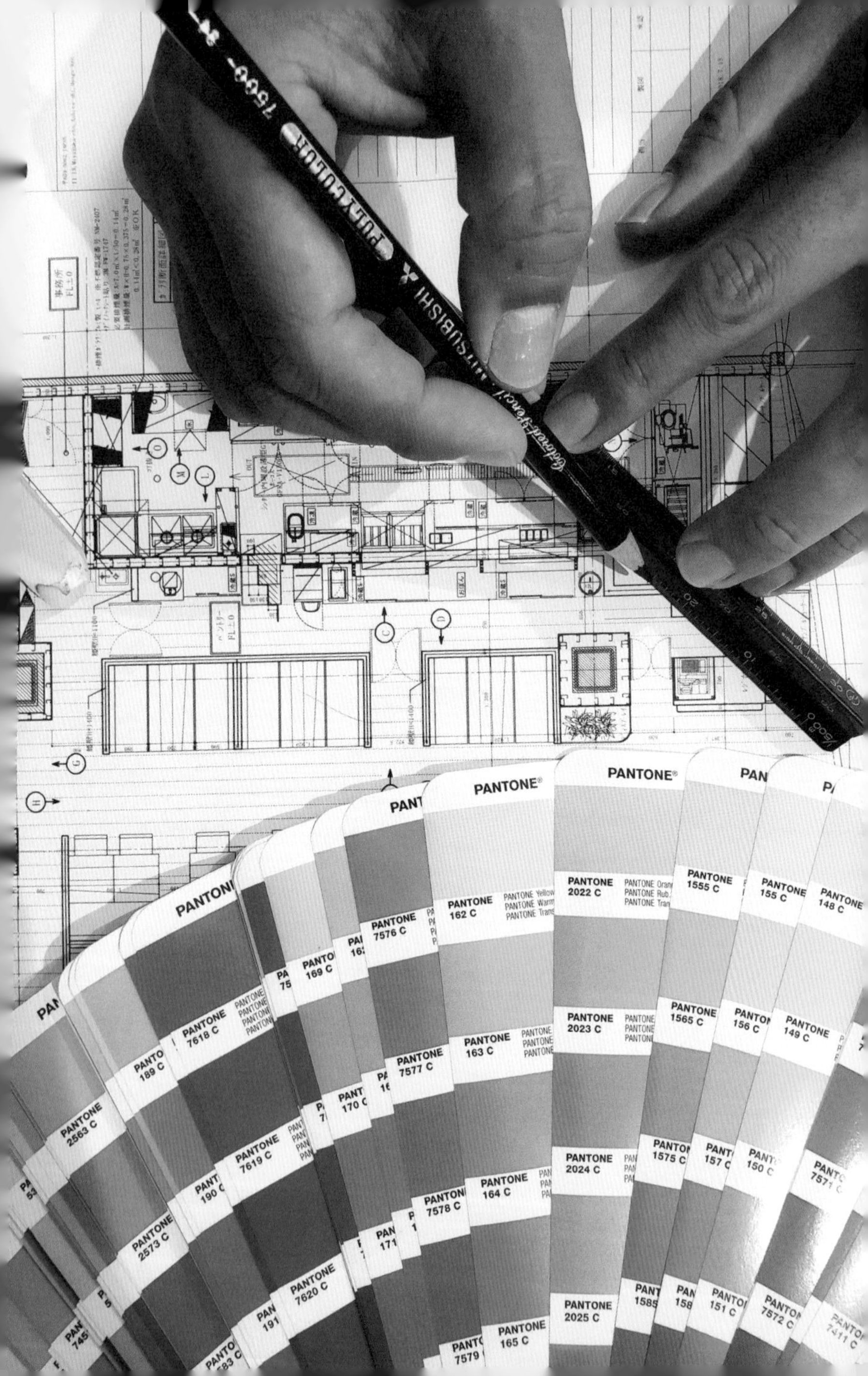
PANTONE®
PANTONE®
PANTONE 162 C
PANTONE 163 C
PANTONE 164 C
PANTONE 165 C
PANTONE 2022 C
PANTONE 2023 C
PANTONE 2024 C
PANTONE 2025 C
PANTONE 1555 C
PANTONE 1565 C
PANTONE 155 C
PANTONE 148 C
PANTONE 149 C
PANTONE 7576 C
PANTONE 7577 C
PANTONE 7578 C
PANTONE 7618 C
PANTONE 7619 C
PANTONE 7620 C
PANTONE 2563 C
PANTONE 2573 C

はじめに

デザインを変えるだけで繁盛店に変わる

「おしゃれだなあ。カッコイイけど、落ち着かないな」

「美味しそう……でもなんだか敷居が高そうだなあ」

「雰囲気がある店だけど、中がよく見えないから入るのに勇気がいるな……」


出張先の見知らぬ街で、仕事終わりに空腹をかかえて飲食店街をさ迷いながら、どの店に入ろうか考えあぐねる——あなたにもそんな経験はありませんか？

人は店をパッと見たとき、脳内で無意識に「プラスの感情」と「マイナスの感情」を抱きます。

プラス＝「この店に入ろう」

マイナス＝「この店はやめておこう」

プラス感情のレッテルを貼られた店は繁盛し、常連客が絶えません。

一方、マイナス感情のレッテルを貼られた店は、なかなか人が入ってくれないので、生き残ることができません。

これを、繁盛店とつぶれる店の「プラス／マイナスの法則」と私は呼んでいます。

プラスとマイナスに分かれる決定的な違いは、店の「デザイン」にあります。

看板や外観や内装、客席、厨房、動線など、店全体の空間デザインに、繁盛店になるか否かを決定づける重要なポイントがあるのです。

しかし、実はそのことに気づいていない人が多いのが実情です。

本書には、私自身が手掛けた店舗設計の膨大な実証データに基づき、集客率・回転率・競争力・収益性を上げて繁盛店に導くデザインの秘密が詰まっています。

「なぜデザインを変えると、繁盛店になり、コロナ危機でも生き残れるのか？」

その答えは本書に余すところなく書かれています。

ただし、本書は単なる常識的な教科書本とは一線を画するオリジナリティの高い本です。

「えっ、あの店がこんな斬新なデザインに!?」

NEW YORK
OK
「吉野家」柏東口店
デザインプ
洋食の歴史
戦後間も無く、洋食の文化が広まった神戸は老
現在もその文化は性別・年代を問わず幅広く根付い
神戸には老舗の「洋食店」や「喫茶店」が多く点在
コロナウィルス感染症禍に勝
初期投資を抑える成長性のある店舗
グラフィックデザイン
店舗・内装設計
店舗・内装工事
OLL DESIGN
WEBデザイン
オリジナル看板
オリジナル家具
オリジナル厨房
OLL DESIGNの業務
企画し、それを基に具体的な物件を設
させていただいております。そして物件の
検査等、クライアント様に安心して引き渡
フターメンテナンスはもとより、次回物件
研究開発に努めます。このようなプロデュー
について説明させていただきます。
現調依頼
工事区分確認
大家側依頼事項提出
飲食チェー
開発部
MITSUBISHI
7500
平　日
土・日
サラリーマン・OL
ファミリー・カップル・旅行客
ストフード店の様な
活気のある雰囲気
ジャパニーズを演出した
活気ある雰囲気
2.5〜3
2.5〜3
ファミリー・カップル・旅行客

DENSETSU NO SUTADONYA TOKYO JAPAN SINCE1971
伝説のすた丼屋
SUTADONYA
伝説
昭和四十六年創業
唯一無二、絶対の味

ARE×CORE
アレ×コレ

金色不如帰

「なるほど、このデザインの発想は使える！」

本書にはそんなオリジナルのノウハウやアイデアが満載なので、店舗設計や店舗経営にかかわるすべての方々に、ぜひご一読いただきたいと思います。

チェーン店デザイン日本一の設計士が教える行列の科学

私は外食チェーン店を中心とした設計会社を経営しています。

今まで20年以上にわたり、国内外のチェーン店の設計デザインを手掛けてきました。

私はエリートの大先生ではなく、20代の頃からこの世界に入った現場たたき上げの設計士ですが、その実績は日本一だと自負しています。


今までお世話になってきたのは——株式会社吉野家ホールディングス（吉野家）、株式会社ゼンショーホールディングス（すき家、なか卯、ココス、ビッグボーイ、はま寿司）、株式会社トリドールホールディングス（とりどーる）、株式会社アントワークス（すた丼、デンバープレミアム、壱久好）、アークランドサービスホールディングス株式会社（かつや）、株式会社ゴリップ（ゴッチーズ・ビーフ、牛カツ京都勝牛）、株式会社モスフードサービス（モスバーガー）、株式会社フレッシュネス（フレッシュネスバーガー）、すかいらーくグループ（すかいらーく）、サトフードサービス株式会社、千房株式会社（千房、ぷれじでんと千房）など、日本の飲食業界のトップ企業各社と取り引きしています。

これは今までの実績の一端ですが、たとえば西日本にある約５００店舗の「なか卯」は、私がほとんど設計デザインを手掛けました。

また、ゼンショーホールディングスのグループ会社に所属していたときは、「すき家」をはじめとする３００店以上の設計監理にかかわりました。

みなさんも、私が設計デザインを手掛けた牛丼店を一度は訪れたことがあるのではないでしょうか？

「吉野家」現社長の河村泰貴氏には、「大西君は、牛丼屋をいちばん知っている男」と言われました。私の豊富な実績を買って、メディアで話題になった「黒い吉野家」の設計デザインに私を指名してくださったのも河村社長です。

吉野家

AJISEN RAMEN
AJISEN RAMEN
味千拉麵
AUSTRALIA
KUMAMOTO TONKOTSU
546-548
AJISEN RAMEN
New York
ニューヨーク
2001年
味
拉
麵
旨
千
夢
SHENZHEN
HONGKONG
BANGKOK
PHNOM PENH
HO CHI MINH
JOHORE
SINGAPORE
KUMAMOTO
OKINAWA
MANILA
GUAM

こうした日本の名だたる飲食店企業グループのみなさんから、「大西に頼みたい」と設計デザインのオーダーをしていただけるのは大変光栄なことです。

日本の飲食店チェーンだけでなく、幅広い業態の店舗デザインも国内外で多数手掛けています。たとえば中国では、「味千ラーメン」など大手飲食チェーン店や現地の「ローソン」をはじめとするコンビニエンスストア14社、アパレルショップ、美容院、スーパーマーケット、ショッピングモールのほか、アリババがプロデュースしている百貨店の内装デザインにもかかわっています。

ありえないほど悪条件の店舗を、劇的によみがえらせて大評判になった事例。

自己満足なカッコよさにこだわって、職人と大ゲンカしたエピソード。

国内ではおなじみのコンビニを、海外でまったく異なるデザインで展開して売り上げが120％になった事例――。

本書では、私が実際に手掛けた店舗をはじめ、さまざまな事例をご紹介しながらデザインによる具体的な集客の秘策をたっぷりご紹介します。

ちなみに、みなさんは牛丼屋の看板がなぜオレンジなのか、考えたことはありますか？

そんなところにも繁盛店の法則があるのです。

コロナでも生き残る「ダサカッコイイ」の法則

よく〝デザイン〟というと、「見た目をカッコよくすること」と思われがちです。

しかし私が標榜するのは、「ダサカッコイイ」デザインです。

私の提唱するダサカッコイイとは、単に見た目のカッコよさだけでなく、マーケティングや機能性、コストパフォーマンスまで考慮した多角的なデザインのことです。

それは、私が数々の店舗デザインをするなかで試行錯誤しながら見いだした、極めて実効性の高い方法論です。


アフターコロナの時代は、単なるクールでカッコイイだけの店は生き残ることが困難です。

この過酷なサバイバル時代に、お客さまもスタッフも経営者も三者が満足する繁盛店を

うまさへのこだわり

吉野家
白
うまさへのこだわり
秘伝のたれ

YOSHINOYA

作り、それを維持していくには、多角的な視点でとらえたデザイン思考が不可欠です。

本書では、アフターコロナ時代に即した店舗デザインの方向性や、新業態についてもご紹介します。

私自身、オープンしたての自店がコロナ禍とバッティングするという最悪の事態に見舞われました。

帆を揚げて意気揚々と船出したとたん、いきなり大しけに遭ってしまったようなものです。

ところが、そんな荒波にもまれる小舟状態でオープンした店が、結果的には毎月黒字を叩き出すという順風満帆な状態をキープしています。

いったい、どんな策を講じてピンチをチャンスに転じたのか?

その危機脱出劇も本書で詳しくお話しします。

行列のできる繁盛店に導く科学というと、店舗経営に特化した話だと思われるかもしれませんが、幅広い業態のビジネスパーソンのみなさんにとってヒントになる話がたくさんあるはずです。

The OWNER's CHALLENGE
store experience
SHOP DECORATION
3FLOOR oll deco Shop Decoration
DECORATION WORKSHOP
SHOP DESIGN
SHOP CONSULTING
2FLOOR OLL DESIGN
DESIGN OFFICE
KITCHEN
GUEST SEATING
DIGITAL SIGNAGE
1FLOOR Oll Diner
RESTAURANT SPACE
Open the way to the future!!
NEW YORK 11118.1km
11.3km KOBE CITY
OLL DINER 000.1km
TOKYO CITY 416.7km

本書の主眼は、さまざまな業界がコロナ禍でかつてない危機に瀕するなか、マイナスの状況をいかにプラスに転じるかということです。

私自身、デザイン設計事務所を立ち上げる以前の会社員時代には、倒産、失業、ヘッドハンティングをはじめ、激しいアップダウンをいやというほど体験し、危機を乗り越えてきました。

同じように懸命に頑張っている経営者やビジネスパーソンにとって、本書が強力な次の一手につながれば、これほどうれしいことはありません。

目次

第1章 あの店はなぜコロナ禍で黒字になったのか？

第2章 なんとなく入りたくなる店の秘密

第3章 行列ができる店には「ダサカッコイイ」の法則がある

第4章 牛丼屋の看板はなぜオレンジ色なのか？

第5章　ダサカッコよく生き残れ！

企画プロデュース：潮凪洋介
編集協力：轡田早月
芝辻康宏（OLL DESIGN）
ブックデザイン：鈴木貴之
校正：小西義之

第1章

あの店はなぜコロナ禍で黒字になったのか？

飲食店廃業数が過去最大になった3つの理由

いきなりネガティブな話題をするのは本意ではありませんが、2020年に世界中で猛威を振るった新型コロナウイルスの影響で多くの業界が経営の危機に瀕しています。中でも飲食店業界の惨状は深刻で、飲食店の廃業率は過去最高を更新しています。ついこの前まで繁盛していた店でも、息切れして閉店や倒産に追い込まれています。息切れしてしまう原因は大きく3つあります。

「第1の理由」は、収益が激減しているにもかかわらず、容赦なくのしかかってくる店舗の賃料や人件費、光熱費といった店の維持費の問題です。

そもそも飲食店は仮に月1000万円の売り上げがあっても、そうした維持費を引くと純粋な利益は5～15％ほどで、利益率が低い業態です。

もし店が繁華街の路面店など好条件の立地にあれば、賃料も高額になります。アルバイトなどの人件費を縮小したとして、店舗にかかる固定費は簡単に減らせません。

「第2の理由」は、店舗を開業した際に投資した内装設備の減価償却費です。

ゼロから立ち上げて開業した場合はもちろん、居抜きで入っていても、あれこれコストをかけてリニューアルした店舗ほど、減価償却費が跳ね上がるので、運転資金が焦げつく原因になります。

「まさか、こんなことになるなんて、開店したときは想像もしなかった……」

そういって頭を抱えている経営者も少なくないはずです。

私も設計士なので、店の内装にこだわりたいオーナーさんの気持ちは人一倍よくわかります。

「カウンターは本物の木じゃなくちゃダメだ！」

「このレンガ壁は、安っぽいレンガ風クロスなんかじゃダメだ！」

「このメニュー表のデザインは、もっとカッコよくないとダメだ！」

自分の店に思い入れが強い人ほど、そんなふうにこだわってしまうものです。

ただ、**そのこだわりに気づくお客さまはほんの一握り**です。

お客さまが店に滞在する限られた時間の大半は、食事や会話です。壁材をじっくりチェックしたり、メニューのデザインを何時間も眺めているようなお客さまはいません。

店のデザインに必要以上にコストをかけなくても、マーケティングやデザインの工夫次第で店のイメージを上げる方法はいくらでもあります。

それによって、たとえば売り上げ1億円の店を2億円に倍増させたり、５００人のリピーター客を１０００人に倍増させることも可能なのです。

「第3の理由」は、各店の価格競争による体力の消耗と収益の低下です。

世の中が外食することに消極的になるなか、インバウンドも含めて集客そのものが激減しているので、薄利多売を狙っても収益性は極めて低くなります。

こうした3つの深刻な問題を抱えていても、店のデザインを変えることで収益を上げることが可能です。本章では、飲食店の失敗例や成功例をもとに、まずはさまざまな問題点を検証し、デザインによる収益アップの可能性を探っていきたいと思います。

あの店がコロナ禍でも収益がアップしたワケ

コロナ禍でつぶれる店が増えている一方、収益が大幅にアップした店もあります。

特に顕著だったのが「マクドナルド」と「ケンタッキーフライドチキン（ＫＦＣ）」です。いずれも家庭でのテイクアウト需要が高まるなか、ファミリー向けのテイクアウト商品を前面に打ち出すことで、ファミリーマーケットに支持されたことが勝因です。


有名なファストフードチェーンだから、たまたまコロナ特需の恩恵にあずかったのだろうと思われるかもしれませんが、有名というだけで特需になることはありません。

マクドナルドとＫＦＣの収益が上がったのは、店名に紐づいて、**「テイクアウトに便利」「なじみのある味で安心」「リーズナブル」**というイメージを、お客さまが抱いていたからです。

マクドナルドは普段から子ども向けのセット商品やサービスを打ち出すことで、子ども時代からマクドナルドに対する愛着を刷り込むマーケティング戦略を行っています。

自粛中にマクドナルドのハンバーガー＆ポテトのセットが食べたくて号泣している幼児

の動画が海外のサイトで話題になりましたが、まさに刷り込みマーケティングの顕著な例といえるでしょう。

一方、ＫＦＣはファストフードの中では割高なイメージがありますが、ワンコインで買えるお得なセット商品を打ち出すことで需要に拍車をかけました。

さらに、「今日、ケンタッキーにしない？」というキャッチフレーズをＣＭで流し、ファミリー層に訴求したことも功を奏したといえます。

単に名前の知れたグローバルチェーンだから需要が伸びたわけではなく、お客さまのニーズに照準を合わせた企業努力のたまものなのです。

１５４ページで詳しくご紹介しますが、「かつや」は２０２０年7月の業績は前年比で約１０７％となりました。

テイクアウトメニューを急遽増やしたこともありますが、私は「かつや」の内装デザインの影響があると考えています。

「かつや」はおしゃれな素材をあえて使わず、清掃しやすいツルっとした素材を使った内装デザインにしているため、揚げ物を扱っているにもかかわらず店内はいつも清潔に保たれています。

おしゃれなデザインより、清潔感や衛生感を重視しているのです。

コロナ禍のもとでは、お客さまは飲食店に対して**「おしゃれ」よりも「清潔感」や「衛生感」**を求めます。

「かつや」のようにお客さまから「清潔な店」というイメージが根付いている店は、それだけで大きな強みになるのです。

お客さまが求めているものは何か？

テイクアウトという面では、焼き鳥や中華料理も、コロナ禍で需要が伸びました。これらの共通点は、食べたいけれど、家では作りたくない料理です。

どれもがんばれば家で作れないわけではありませんが、ステイホームで家族の食事を三度三度作らなければならないという状況で、手のかかる面倒な料理は主婦層に真っ先に敬遠されます。しかもにおいが強かったり、油汚れなど後始末の大変な料理は、できれば避けたいのが人の心理です。

そんな面倒なことをプロにアウトソーシングしたいというニーズに応えたのが、焼き鳥などのテイクアウトメニューだったのです。

大切なのは、「何を売りたいか」ではなく、「お客さまが何を求めているか」です。

市場の深層心理を読み、そのときどきの状況に即したニーズをつかむことで、苦境の中でも需要を伸ばすことが可能なのです。

テイクアウトサービスを行っていることを迅速に訴求するには、自店のホームページとSNS発信が必須です。

高級レストランでもテイクアウトを急遽始めたところが増えています。高級店はその店に行かないと味わえない希少価値があるので、ネット販売で「特別感」「限定感」をアピールすることで、人気店の高級おせち料理のように需要を伸ばせると思います。

私なら、たとえば店の上質なテーブルクロスも料理とセットにして店の世界観を自宅でも楽しめるような仕掛けをします。

お持ち帰りを１秒でアピる３つのアイテム

テイクアウト商品を店頭でお客さまに訴求するには、３つのアイテムが有効です。

１つ目は、Ａ２サイズの「ポスター」です。

ポスターに、「お持ち帰りできます」「お持ち帰りＯＫ」という文字、テイクアウトメニューの絵と価格を表示し、店頭のいちばん目立つところに貼りましょう。

ポイントは**「お持ち帰り」「料理」「価格」**という基本３要素を、お客さまが１秒で目視できるように「くっきり大きな書体」「シンプルで明快なデザイン」にすることです。

２つ目は、「のぼり」です。

のぼりにも「お持ち帰りＯＫ」と大きな字で明示して、店頭の目立つところに立ててください。風に揺れるのぼりには、あれこれ細かな文字情報を入れても視認できません。

ポスターと同様、見た人が**１秒で内容が理解**できるよう、「くっきり大きな書体」「最小限の文字数」のデザインにしましょう。

なお、コロナ禍でのぼりの需要が激増して品薄状態なので、早めに揃えておくことをおすすめします。

3つ目は、「フライヤー（チラシ）」です。

お持ち帰りできる全メニューのイラストと価格、店のインフォメーションを見やすくコンパクトに表示したB5サイズぐらいのフライヤーを店頭の目につきやすいところに置きます。

そこに「ご自由にお持ちください」という案内文字も目立つように表示します。

「お持ち帰り」の文字や価格を大きく表示したポスターを掲示したり、のぼりを立てたりしたら、せっかくの店の外観がカッコ悪くなるから避けたいと思う方もいるでしょう。

もちろん、ベタなポスターやのぼりを置かないほうが店は洗練されて見えます。

しかし、ここでカッコよさにこだわって何もしなければ、集客は望めません。

目的はあくまでもテイクアウトサービスの「周知」「集客」「販売数アップ」なので、あえてダサめのデザインや見せ方を選択するのも戦略なのです。つまり、**「使えないカッコよさ」より「使える二枚目半」**のほうが、結果的にお客さまにウケるのです。

実は、この3つのアイテムはすべて、次にご紹介する私の経営する店で実際に店頭に設置したものです。

コロナ禍を見越して早い段階からこの3つのアイテムを準備していたおかげで、テイクアウトをしている店であることを近隣の方に訴求でき、売り上げアップに直結しました。

コロナ危機をチャンスに転換

本書の冒頭でもお話ししましたが、私は自店を今春オープンしたとたん、コロナ禍に巻き込まれるというピンチに直面しました。

その危機を脱出したいきさつは、先ほどの3つのアイテムのようにコロナ禍対策になるポイントがたくさんあるので、ぜひ参考にしてください。


私が立ち上げた店「デザイナーズバル OLL KITCHEN」は、私が兵庫県芦屋市で経営する設計会社OLL DESIGNのあるオフィスの1階にあります。

もともとは社員食堂やミーティングスペースにしていたところなのですが、私の店舗作りの経験を生かした、一種の実験レストランとして運営することにしたのです。

２０１９年からあれこれと準備を進め、２０２０年3月にランチタイムだけオープンし、4月1日にグランドオープンの予定でした。

しかし、同時に新型コロナウイルスの感染被害が拡大していきました。3月末には志村けんさんの訃報が伝わり、大阪・梅田や難波などの繁華街でも多くの店舗が軒並み休業している状況で、自店でクラスター騒ぎを起こすわけにはいきません。

オープニングパーティーも取りやめ、1か月先まで埋まっていた予約もオールキャンセルしました。

私はここ10年にわたり、毎年60~１００店舗を立ち上げてきましたが、かつてない事態に正直戸惑いました。そして、このピンチを乗り越える策を必死に模索しました。

まず、芦屋の住宅街にある立地条件から、**ファミリー向けのテイクアウトメニューを急遽開発**しました。

自粛中は娯楽が減るので、アミューズメント性のあるメニューが喜ばれるのではないかと考え、手巻きずし感覚で楽しめるテイクアウトのタコスパーティーセットを作ったので

OLL KITCHENのメニューで、
DINKsや親子向けの「タコスでパーティー」。
メニューはイラストで楽しく表現

す。いずれもＳＮＳ映えする盛り付けを工夫し、サイドメニューも追加できるようにしました。

ここでポイントになるのが、**メニューのデザインを手描きのイラストで見せている**という点です。写真よりも、手描きのほうが生々しさが抑えられて美味しそうなイメージになるのです。

人はリアルな写真を見るとイメージが固定されてしまい、実物が写真と少しでも違うと、「写真よりソースが茶色い」などと違和感を覚えます。

しかし、メニューが絵だと、あくまでも「こんな感じなんだろうな」と脳内でイメージするだけなので、イメージと実物が同一でなくても心理的に許容できるのです。

「フレッシュネスバーガー」も以前はメニューが手描きでしたが、同じ心理効果がありました。

ちなみに、アメリカ発「タコベル」の日本進出時は、タコスになじみがないので浸透しにくいというデメリットがありました。

でも、**コロナ禍で外出自粛中はむしろ非日常体験に飢えている**ので、タコスを好みでカスタマイズしながらでパーティーをするというアミューズメントに引きがあるのでは、と考えたのです。

私の狙いどおり反応は上々で、ファミリー層が毎日大勢買いにきてくれました。

おかげで、開店したとたんに休業かと危ぶまれた店で、毎月１００万円の収益を上げることができました。

もともとは店内で、昼はサラダバー付きのランチセットを提供し、夜は多彩なフードメニューを中心に売り上げを伸ばす予定でした。けれど、予定外だったテイクアウトメニューを臨機応変に投入したことで、**ピンチをチャンスに転じる**ことができたのです。

ニューオープンの店を千客万来にする仕掛け

「テイクアウトメニューを臨機応変に投入してうまくいったのはわかったけど、そもそもオープンしたての店でまだ周囲になじみがないにもかかわらず、なぜ集客できたの？」と不思議に思われるかもしれませんね。

ニューオープンの店に集客を促すのに外せないのが店の外観です。

外観デザインの大きなポイントは、**開放的なエントランスと、店内の様子が外からもよくわかる視認性の高さ**です。

私の店は住宅街の路面にあり、2面に開かれたガラス張りの窓を通して店内がよく見える造りにしており、エントランスも開放的な雰囲気を演出しています。

みなさんもそうだと思いますが、お客さまの心理として、入ったことのない店は、中の様子がわからないとなかなか入る勇気が出ないですよね？

でも、店内がよく見えると安心するので、初めてのお客さまでも気軽に来店できます。

写真左・開放的な「OLL KITCHEN」のガラス張りのエントランス

下・「OLL KITCHEN」の外壁。道案内を描くことで視線を誘う効果を狙ったこうしたファサードの問題を解決する方法については、第2章でより詳しくご説明します。

店の正面ではなく、サイドの外壁にも海外の街角を彷彿させるようなグラフィティアートを描いています。

10mほど離れた横断歩道を挟んだ対面からも「あれは何だろう？」と思わせる効果を狙ったのです。人が興味を引くような仕掛けがあるだけで、人は自然に近づいてきますから。

壁には、「NEW YORK 11118・1km」などと書かれた道案内標識の画があります。

芦屋の交差点からNYに徒歩や車で行くわけではありませんが、**人は道案内や標識があると自然に目で追ってしまいます**。

とりわけ都市生活者は並み居る広告看板を積極的に見ようとはしませんが、道案内のような情報は逆に自ら積極的に取りにいこうとする習性があるのです。

そうした習性を利用して、店の壁に注目してもらうように視線を誘導したのです。

また、壁一面のグラフィティアートはSNS映えするので、壁の前で写真を撮った人がインスタグラムなどに投稿することにより、その口コミ効果で認知度が高まります。

また、地域の人にも、「あの壁の店ね」と親しみを感じてもらうのに役立ちます。

メニューや営業時間などの店のインフォメーションも、手描きで黒板アートふうに表現しています。コロナの影響で営業時間の変更があることも考慮して、臨機応変に変更できるようにしたのです。


この外壁やメニューなどの手描きのアートは、私や社内デザイナーのスタッフが描いています。

コストをかけなくても、こうした手描きアートを店舗デザインに取り入れることで、**人間味のある温かなホスピタリティをさりげなく演出**することができるのです。

もちろん、アフターコロナ時代は、「安心感」を持ってもらうことが最優先ですから、店ではコロナ対策を徹底しています。

どんな対策を行っているかについては第2章で詳しくご説明します。

なぜ、あの店はうまくいかなかったのか？

人気が出そうに見えても、結果的に伸び悩む店があります。
基本的に他店の悪口を言うつもりはまったくありませんが、うまくいかなかった理由を検証することで、改善策を導き出す手掛かりになります。

２０１１年から急激に店舗数が増えた「東京チカラめし」は、人気牛丼チェーンを脅かすのではないかと思われました。

しかし本稿執筆時点で、店舗数は往時の１割以下に激減しています。

その原因は、店舗が路面ではなく建物の間口から奥まったところや、階段を２～３段上がって入るようなところにあるケースが多かったからではないかと推測しています。

10分で焼き牛丼を食べてサクッと空腹を満たすようなコンセプトの店は、**路面にあることが鉄則**です。

そうした店のターゲット層である忙しいビジネスパーソンの心理は、店に入るのに奥まったところまで歩いたり、２～３段の階段を上がるだけでも面倒に感じるのです。

高級店であれば、高層ビルの最上階に上がっていくプロセスもわくわく胸が高鳴るエッセンスになるのかもしれませんが、**10分ランチの店にはたとえ2～3段でもその手間はご法度**なのです。

同じく2011年頃、上海の高級店街でヘルシー志向のお弁当のデリバリーサービスを始めたことがありました。

その当時、日本では「タニタ食堂」が流行り始めた時期で、ヘルシー志向の女性を中心にタニタ弁当が大人気だったからです。

けれど、中国はバブル真っ盛りで、ぜいたくな料理のほうが人気が高く、ヘルシー志向のお弁当は不人気でした。

今なら中国でも需要があるかもしれませんが、時期が早すぎたのでしょう。

中国人が日本で爆買いするほど人気の高いシャワー付きトイレも、2006年に中国に出店したフランスの大型スーパー「カルフール」で販売した際には、まったく売れなかったといわれています。

これも時期的に早すぎて、現地の需要と嚙み合わなかったことが原因です。

このように、チェーン展開がうまくいかなかったり、地域に根付かなかったりする店は**現地リサーチが不足**しているのです。

現地のニーズを把握しないままに店舗展開をしても、決して成功できないのです。

海外チェーンが日本で成功する秘策

アメリカの大手タコスチェーンの「タコベル」は、アメリカではＫＦＣよりも人気があるといわれるメキシカンファストフード店です。

パープルがアクセントカラーのロゴを見ただけで「タコベル」とわかりますし、内装もクールな雰囲気で、デザイン自体は決して悪くありません。

しかし、「タコベル」は２０１５年から日本に再進出し、各地に出店しましたが、定着しませんでした。

アメリカと違い、日本人にはメキシコ料理のタコスを食べる習慣があまりなかったことと、ファストフードの割には単価が高かったことが大きな要因と考えられます。

私なら、まず大手コンビニエンスストアと組んで「タコベル」の商品の認知度を上げてから出店します。

初出店するのは、「タコベル」のターゲット層である若者が多い渋谷や新宿などの繁華街の一等地がベストです。そこに「タコベル」の旗艦店を出店します。

旗艦店はいわゆる「広告塔」なので、ブランドカラーであるパープルのロゴを印象づけるデザインにします。

パープルは日本のチェーン店では使われていない色彩なので、街の中でも視覚的に目立ちます。駅前や交差点にもパープルの野立て看板を複数設置するプロパガンダ作戦を実施することで、店の認知度が自然に上がります。

一瞬しか目にしなくても、潜在意識に刷り込まれて無意識にそれを求めるようになったりする心理作用を「サブリミナル効果」といいます。

周辺にパープルの「タコベル」看板が複数あるだけで、なんとなく「タコベル」のタコスが食べたくなるサブリミナル効果を狙うのです。

店のブランドイメージを上げるには、店舗の空間デザインだけでなく、街全体の空間デザインも視野に入れて考えることが大切です。

「タコベル」と同じくアメリカ発のサンドイッチチェーン「サブウェイ」も、1990年代に日本に進出しましたが、近年、大量に撤退しています。

「サブウェイ」は自分好みに味をカスタマイズでき、野菜もたっぷり摂れるヘルシーなイメージが特徴です。ただ、肝心のベースとなるパンが、食感にこだわる日本人の口にあまり合わなかったことが原因ではないかと思っています。

また、残念だなと思ったのが、せっかくの**野菜のカラフルな色彩があまり映えないショーケース（商品展示棚）**だったことです。

もし私がデザインを任されたら、みずみずしいレタスのグリーンやパプリカの赤、オニオンの白が鮮やかに引き立つ黒ベースの厨房にします。

同じくアメリカ資本の「サーティワンアイスクリーム」は、私も店舗をいくつか設計していますが、ロゴデザインや店の主役であるアイスクリームのショーケースは本国のデザインを踏襲するのがルールなので、大きなイメージチェンジはできませんでした。

もしデザインを大きく変えられるなら、ターゲットとなる日本の10～20代女性に訴求するカワイイ系のロゴにします。さらにショーケースを刷新し、シロクマやペンギンが意外なアングルから楽しめる「旭山動物園」や「サンシャイン水族館」の展示のようなデザインにします。

アイスクリームを意外なアングルから見せたら、今までとは違う新鮮なイメージをアピールできるのではないでしょうか。


こうした海外のマーケットで好まれるデザインと、日本国内で好まれるデザインは当然ながら異なります。

本国のブランドを守ることも大切かもしれませんが、日本で展開するなら、日本人好みのデザインに変える柔軟な姿勢が必要です。

ちなみに私が外国に出店するときは、どんな業態の店であれ、現地スタッフの声に耳を傾け、現地のニーズに合うデザインやテイストを必ず取り入れます。

「日本の規律を守れ！」などと日本のルールを押し付けたりはしません。

外国資本の店ほど、**「郷に入れば郷に従う」のが成功の早道**なのです。

1店舗作るために、100店舗は見る

以前、中国で日本料理チェーン店の出店を検討していたとき、ある担当者が「ここは人通りがすごく多いから、きっと売れるでしょう」と言いました。

しかし、実際にその通りを歩いている街の人たちの平均賃金を調べると、店の設定単価とはかけ離れていました。

どんなに人通りが多くても、現地のマーケットに合った店づくりをしなければ収益にはつながりません。

リサーチをするときには、表層的な面だけでとらえるのではなく、**ターゲット層の嗜好や平均賃金などさまざまな角度からマーケティング**をして、ターゲット層に合う価格設定やデザインにすべきです。

もし私がそこに店を出すなら、現地のターゲットの平均賃金をリサーチし、安心して入れるようなリーズナブルなから揚げ屋や天ぷら屋にします。

エントランスを開放的な造りにし、何を売っているのかが通りからも一目でわかるよう

な店頭にショーケースを設置し、「1個10元」などと価格を目立つように表示します。

あえて庶民的なデザインにして、現地の人に**「親しみやすさ」「気軽さ」「入りやすさ」をアピールする店舗をデザイン**します。

昔から「店を出すなら、近隣の100店舗を見ろ」といいます。

近隣にどんな店があって、どんな店が繁盛していて、どんな人が利用しているのか。そうしたマーケティングリサーチの積み重ねが、デザインに反映されなければなりません。

私は以来、出店するエリアに必ず何度も足を運び、丁寧にリサーチしたなかで気づいた発想をデザインに落とし込むようにしています。

カッコよくても稼げなければただの自己満足

何を隠そう、実は私自身、若い頃に共同経営者として兵庫県西宮市の住宅街に富裕層向けの高級中華料理店をオープンしたことがあるのですが、収益がまったく出ずに失敗しました。

店のデザインは洗練されたシンプルモダンな雰囲気に統一し、料理はアラカルトなしのコース料理のみ。その当時の私は「自分好みのおしゃれでカッコイイ店を作れば、お客さまがどんどんやってきて収益が上がる」と安易に思い込んでいたのです。

しかし、いざ開店してみると、ランチタイムに訪れるマダムたちは、3時間たっぷり居座るので回転率は最悪でした。

当時、私は「なか卯」の設計デザインを数多く手掛けていたのですが、「なか卯」では客単価がワンコイン程度でも、1か月で売り上げが1000万円になるようなビジネスモデルが当たり前でした。

そのため、自分も店を出せば月に1000万円の売り上げがあると見込んでいたのです。

しかし、結果は月に約150万円という売り上げしか出せませんでした。

見た目だけカッコイイデザインの店を作ったところで、収益につながらなければただの自己満足にすぎません。

カッコイイデザインの店というだけではビジネスとして成り立たないんだな……と、そのときに痛感しました。

協力業者との世間話から世の中を知る

コロナ禍による劇的な変化はもとより、情報化社会の今は時代の波が想像の10倍速く押し寄せています。

それによって時代のニーズもどんどん多様に変化しています。

当然、店もそれに合わせて変化していく必要があります。

ただ、いったん店舗を構えたなら、簡単に場所や建物などのハード面を変えることはできませんが、内装やサービスなどのソフト面は柔軟に変えられます。

しかし、大手飲食店チェーングループの社員や飲食店のオーナーさんは、自分がかかわっている店を中心に考える傾向があります。そのため**他店や周囲の状況に目が届きにくく、視野が狭くなりがち**です。

結果、自分たちが正しいと思い込んでしまい、時代の変化に対応できないのです。

かつて私自身も、第二次外食ブームの真っただ中に「なか卯」や「すき家」「サイゼリヤ」「牛角」「カレーハウスＣｏＣｏ壱番屋」「ドトールコーヒー」「ミスタードーナツ」

「大戸屋」「松屋」といったチェーン店の出店ラッシュに忙殺される大企業の社員だったので、同じような状況に陥っていたなあと自戒を込めて思います。

自分の視野の狭さに気づいたのは、**警備や有線などの設備に携わる協力業者さんとの何げない会話がきっかけ**でした。彼らは、さまざまな店舗の設備にかかわっているので、どの店がどんな状況かという内部事情にとても詳しいのです。

日本マクドナルドの創業者である藤田田氏が、タクシーの運転手と世間話をすると、さまざまな客を乗せている運転手から思わぬ情報を得ることがあると語っていますが、それによく似ています。

他店の情報をリサーチするなら、そうした店に出入りしている協力業者さんとぜひ世間話をしてみてください。

なぜ、のれんのすり切れたラーメン店が生き残るのか？

「え、この店がどうして？」と驚くような質素な外観の店が、コロナ禍でも生き残っている場合があります。それは、昔ながらのラーメン店や焼肉店に代表されるような、常連客に支持されているタイプの店です。

のれんがすっかり色褪せてすり切れていたり、昭和の頃のままの内装だったりしても、なぜかそうした店は行列が絶えないという特徴があります。

一見、かなり質素で時代から取り残されたような雰囲気なのに、なぜつぶれずにたくましく生き残っているのでしょう？

理由は、お客さまがその店に胃袋をがっつりつかまれているからです。だからコロナ禍で一時的に客足が落ちても常連客は必ず戻ってくるのです。

こうした店を愛する常連客の心理は、オタクやファン心理によく似ています。

自分の推しの店にずっと足繁く通い続ける常連客は、**店の味を日常的に楽しむことがライフスタイルの一部**になっているのです。

こうした店はリピーターが口コミで新規のお客さまを連れてきたりするので、宣伝や内装設備にあまり投資する必要がありません。だから、見た目はあまりぱっとしなくても、つぶれないのです。


ただ、こうした店にはある共通点があります。

どんなに質素でも、**厨房デザインが実に効率よく動けるレイアウトになっている**のです。大将の動きを見ても実にムダがなく、最小限の動きで調理しながら、同時に片づけ作業もしています。しかも、**厨房の設備は古びているけれど必要なものだけが整然と並んでいて、隅々まで清掃が行き届いています**。効率よく動ける機能的な厨房デザインだと掃除もしやすいので、古びていても清潔感があるのです。

もしこうした店がリニューアルする必要に迫られたとしても、あまりカッコよく改装してしまうより、常連客が愛着を感じている昔ながらの懐かしいテイストをうまく生かすのがポイントです。

ちょっと時代遅れなダサさも常連客に愛される味わいになっている場合は、それも立派な〝武器〟になります。その店ならではの武器は、生かすほうが得策なのです。

アッパー層に愛される一流店とタレントショップの違い

高級ホテルの最上階にあるダイニングやミシュランの星を獲得しているような一流店は、コロナ禍のような危機に見舞われても、事態が沈静化すれば必ず客足は戻ってきます。

実は、こうした一流店には、前述した見た目はぱっとしないけれど人気のあるラーメン店と、ある共通点があります。

双方は真逆のポジショニングではありますが、「根強いファンが支えている」という点でよく似ているのです。

ラーメン店のファンはその店の味のとりこになっているオタク的常連客だとお話ししましたが、一流店のファンはグルメにうるさいアッパー層の上得意です。

アッパー層に愛される一流店は、**店の雰囲気も料理のクオリティも唯一無二のオリジナリティがある**ので、お客さまはその店ならではの味や雰囲気が恋しくなり、折に触れてリピートしてくれるのです。

しかし、同じファンでも、人気芸能人などの名前で展開しているタレントショップに群がるファンの場合は性格が異なります。

いわゆるタレントショップにやってくるのは、あくまでも芸能人のファンであって、その店のファンではありません。

その芸能人の店と聞けばファンはこぞって食べにきますが、その店に一度でも行けば、その既成事実だけですっかり満足してしまいます。

その店に何度行っても大好きなタレントさんに会えるわけではないので、リピートすることがまずありません。

しかも、タレントさんは芸能活動が本業なので、店の運営自体はたいてい別の人に任せています。タレントさんの名前を打ち出しながら、店にはどこか本気度が足りず、サイドビジネス感が否めない印象をお客さまに与えてしまいます。

タレントショップは、そのタレントのファン以外の人は興味を示さないので、タレントさんのファンがリピートしてくれなければ先細りになるだけです。

飲食店に限らず、タレントショップが観光地などにたくさんできて話題になった時代もありましたが、そうした店の多くがひっそりと消えていきました。

このように、タレントさんの名前に乗っかってファンを引き寄せようとする店と、本物の味や雰囲気でファンを強力に引き寄せている店では、まったく別の力学が働いています。サステナブルなビジネスを考えるとき、このファンを巡る力学の違いを押さえておく必要があります。

もし私が人気タレントショップを作るなら、一過性の人気に終わらないように、あえてそのタレントさんの名前は店名に出さないようにします。

そしてそのタレントさんのイメージや好きなものをさりげなく取り入れた**「匂わせデザイン」**にします。

たとえば、ハワイ好きのタレントさんの店ならロコっぽいインテリアにするなど、そのタレントさんを想起させるものをちょいちょい仕込むのです。

それによって、「あの店、実は○○ちゃんのお店らしいよ」という、知る人ぞ知る隠れ家的なポジショニングの店にするのです。

有名人の名前をあえて伏せてチラ見せで匂わせると、人はそこに**「知る人ぞ知る優越感」を覚えてリピーターになってくれる**のです。

繁盛店は新規客1割、リピーター9割

根強いファンがリピーターとして通ってくれる店は、コロナ禍のような危機に見舞われてもおいそれとはつぶれないとお話ししましたが、リピーターについて少し補足をしてお

きます。

リピーターというと、その面々はいつも変わらないと思われがちですが、リピーターは固定客ではありません。

繁盛店は新規客が1割でリピーター9割といわれますが、その9割が常に一定なわけではないのです。

引っ越しなどの諸事情で通えなくなったり、もっと好きな店を見つけて浮気することだって十分にありえます。だから、リピーターがたくさんいるからと安心していても、そのリピーターたちが永遠に店に通い続けてくれる保証はないのです。

しかも、人間は貪欲な生きものなので、**100点では満足せず、120点を求めてくる**ことが少なくありません。いつもの料理にだんだんと飽きてきて、それ以上を求めてくることもあります。

とはいえ、その店のベースの味は変えられません。安易に変えれば、かえってリピーターが離れてしまう危険性もあります。

こんなとき、店のインテリアデザインを季節に合わせてデコレーション（装飾）するだけでも、リピーターに新鮮な印象を与えることができます。

リピーターの多い店ほど、**リピーターにただ依存するのではなく、リピーターを常に楽しませるようなデザインの工夫**をしてみてはいかがでしょうか。

本章ではコロナ禍による飲食店業界の深刻な状況を踏まえ、さまざまな失敗事例を挙げながらうまくいかない理由や解決策についてお話ししてきました。

第2章では、なんとなく入りたくなる店について考察していきます。

COLUMN

ブーム店は必ず廃れる「一発屋の法則」

パンケーキ、かき氷、タピオカなどなど、食の世界ではときどき爆発的なブームが起こります。たとえばタピオカブームのさなかにタピオカ店を出せば、メディアやSNSでこぞって話題になり、あまり苦労せずに繁盛店になることができます。

ただ、ブームはピークを過ぎると必ず下火になります。

同時に、それまでは当たり前のように集客できたのに、客足がみるみる遠のいて店は閑散としてきます。気がつけば、赤字が続いてひっそり店を畳む……。ブームの末期にはそんな悲しい末路が待ち受けています。

食に限らず、ファッションでも流行語でもお笑いでも、爆発的なブームになったものほど、廃れるのは2倍早いといえます。

そう、ブームは「一発屋」と同じなのです。

同じネタだけでは、お客さまにあっという間に飽きられてしまう。私はこれを、ブーム店は必ず廃れる「一発屋の法則」と呼んでいます。

ブームの渦中にはウハウハ状態でも、それが永遠に続くことは100%ありません。便乗商法を続けても未来はないのです。

ブームに乗って似たような店が増えれば増えるほど、差別化が難しくなり、消費者にも早く飽きられてしまいます。

COLUMN

ブーム店は必ず廃れる「一発屋の法則」

人は希少価値のあるものに飛びつきますが、供給過多になると価値が下がります。

これは、コロナが蔓延してマスク不足だったときはドラッグストアに毎日行列ができて価格も高騰していたのに、マスクが安定供給されはじめたとたん、行列が消えてマスクの価格が急落したのと同じ理屈です。

マスクであれ、タピオカであれ、インフレを起こしてしまえば価値は暴落するのです。

ですから長く続けるのなら、ブームに便乗するのは避けるのが賢明です。

私はよくクライアントに、仮にタピオカの店だとしても、店名にタピオカとは銘打たず、「アジアンティーカフェ」などブームと無関係の店名にするほうが得策であるとアドバイスしています。

第2章

なんとなく入りたくなる店の秘密

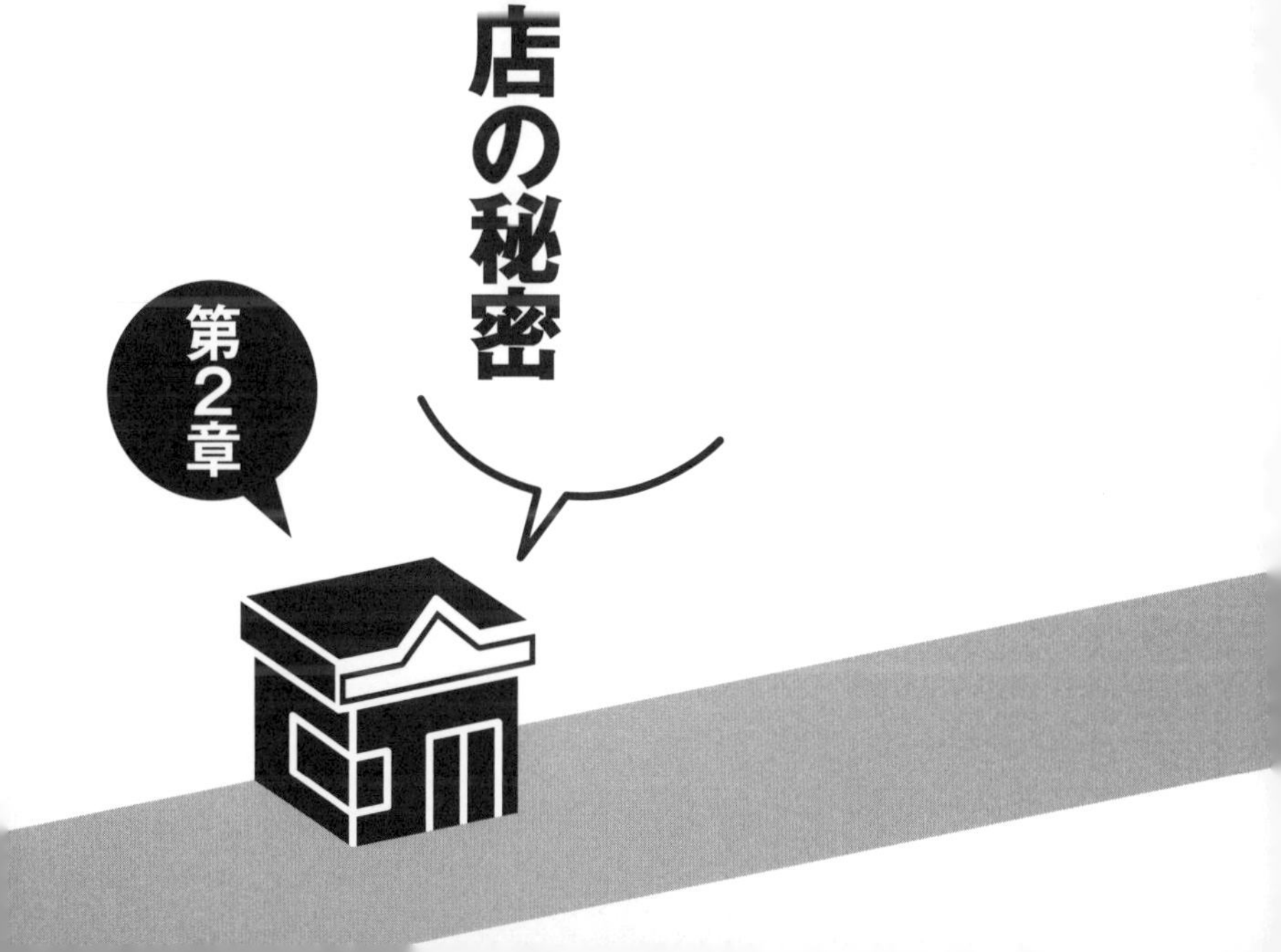

「居心地がいい」店を作るなら「居心地が悪い」店に行こう

「この店、なんとなく居心地がいいな」と感じる店がありますよね。

そんな店には、何度も「なんとなく」訪れていませんか？

この「なんとなく」には、繁盛店になるヒントが隠されています。

逆に、「この店、なんとなく居心地が悪いなあ……」と感じる店もありますよね。

私もときどきそんな経験をします。

たとえば、夏のある日、仕事の出先で食事がてら一服しようと駅前の定食屋にふらりと入ったときのことです。椅子を引くと背もたれが後ろの席にぶつかるほど間隔が狭く、しかも座ると硬く、ひと息つこうと思ったのに逆にすごく窮屈な気分になりました。

店内を見回せば、黒ずんだ壁の色と色調の合わない茶色い床が陰気な雰囲気で、冷房も冷えすぎ、食事をしようと思ったのに、食欲が萎えてしまいました。

「なんとなく居心地が悪い」という感覚は、こうした小さな生理的ストレスの積み重ねによって醸成されるのです。

もしそんな居心地の悪い店に入ってしまったら、なんとなく落ち着かないので滞在時間がとても短くなるはずです。

しかし、私はこうした店に入ると、むしろワクワクします。

「この店をどうやって行列の途切れない店にしようか?」というアイデアが次々にわいてくるからです。

「店の壁は明るい色にして、席のレイアウトをゆったりさせ、メニューも和食っぽい高級バインダーに変えて、器も安いけれど高級感のあるものに変えて、照明器具も……」など、頭の中で勝手に改装シミュレーションを始め、プランがいつの間にかできあがるのです。

居心地がいいときは当たり前に感じて気づかないことも、居心地が悪いことで逆に「何が居心地を左右するのか?」という問題点に気づくきっかけになります。

つまり、**「なんとなく居心地が悪い店」は、〝半面教師〟になる**のです。

みなさんも、もしそんな店にうっかり入ってしまったら、失敗したと思ってさっさと店を出る前に、「なんとなく居心地が悪い」を「なんとなく居心地がいい」に変えるアイデアやプランを考えてみてください。

「居心地が悪い原因は何だろう?」
「この店を居心地よくするには、何が足りないんだろう?」
「この店を居心地よくするには、何を変えたらいいんだろう?」

そんなふうに、居心地の悪さを逆手に取って店の問題点を分析することで、居心地のいい店に必要なポイントが浮き彫りになってきます。

これは飲食店以外の業態の方にとっても、自分のビジネスにつながるはずです。

通常は自分が居心地いいと感じる店を選ぶので、こうした問題に気づきにくいのですが、反面教師になる店には改善すべきリアルなヒントがたくさん潜んでいるので、あえてそうした店にも行ってみることをおすすめします。

スタバはなぜ競合に強いのか？

ひとことで「居心地がいい」といっても、その感覚は人それぞれです。「スターバックス」を例に、居心地のよさについて考えてみましょう。

スタバには「サードプレイス＝第3の場所」を提供するというコンセプトがあります。ファーストプレイスは自宅、セカンドプレイスは職場、そしてサードプレイスが心地いい空間と時間を提供するスタバのカフェというわけです。

しかし、スタバが日本に上陸してから20年近くたち、今や競合も増えています。

店員さんが席までコーヒーを運んできてくれる喫茶店やカフェと比べても、スタバはファストフード店のようにカウンターで注文してドリンクやフードをセルフサービスで運ばなければなりません。

そのわりには、価格がファストフード店よりも高額です。特に近年は、「ブルーボトル」をはじめとする本格的なスペシャルティコーヒーなどを提供する競合店も増えています。

それでもスタバが安定した人気を誇っている理由は何でしょう？

私は、スタバのゆったりした一人掛けの上質なラウンジソファや、リビングを思わせる空間デザインの力が大きいと思っています。

スタバの椅子は名のあるデザイナーズチェアを使っているわけではありませんが、人間工学的に座り心地を研究して作られたオリジナルチェアです。

テレビCMによるイメージ戦略を一切行わず、店舗デザインにコストをかけることで、リアルな心地よさを追求しているのです。

そのため、スタバ愛好者は自宅とも職場ともちがうサードプレイスのスタバで紡いだ心地いいひとときによって癒やされ、会話も弾みます。

そのときの**心地いい記憶を再現したくてまた来店する**のです。

心理学では、思い出のある場所やものに記憶を重ね合わせることを「投影」といいますが、スタバのリピーターは、心地いい記憶をスタバに投影しているのです。

「なんとなく入りたくなる店」にはいろいろな理由がありますが、**ユーザーの心地よさをデザインから追求することでリピーターを育てる**ことができるのです。

もちろん、同じスタバでも駅ビルなどの狭いスペースにある場合は、テイクアウト利用者が多く滞在時間も短めなので、ソファより木の椅子や窓際のカウンター席が中心の場合もあります。

逆にいうと、**椅子の心地よさを加減することで、お客さまの滞在時間を調整し、回転率を上げることが可能**なのです。

たとえば、サラリーマンや学生が多い駅前にある牛丼屋は、回転率を上げる必要があるので、サッと座ってサッと離席しやすい丸いカウンター椅子がよく使われます。

そうしたタイプの店に長居に適した座り心地のいいソファがどかっと置かれていても、入れ代わり立ち代わり入ってくるお客さまの動線の邪魔になってしまいます。

もちろん店舗の立地によって椅子も使い分けられており、ファミリー層が多いエリアの「なか卯」や「すき家」には、キッズチェアも用意されています。

同じチェーン店でも、お客さまのニーズに合わせた柔軟な対応が不可欠なのです。

お客さまの「会話」によって空間デザインは変わる

その店で、お客さまがどんな会話をするのか——店をデザインするときに必ず考える必要があります。

たとえば——、

ゆっくり座って友人とのおしゃべりをのんびり満喫したいのか？
おひとりさまが無言でサクッと食事を済ませたいのか？
仕事のグチをぶちまけてストレスをスカッと解消したいのか？
おしゃれな雰囲気の中でロマンティックに愛を告白したいのか？
家族や気の置けない仲間とのプライベートパーティーをエンジョイしたいのか？
クライアントと誰にも聞かれたくないような密談をしたいのか？

——などなど、**ドラマのシーンのように想像してみると、どんな空間が似つかわしいのかが必然的に見えてきます**。

友人とのおしゃべりをのんびり満喫したいなら、先述のスタバのような心地いいソファ系の椅子やリビングのような空間が求められるでしょう。

無言でひとりメシを食べる空間なら、カウンター席だけでOKです。

仕事のグチを言い合うなら、店全体が活気あるガヤガヤした雰囲気を演出したほうが、周囲の声に負けじとワイワイ盛り上がれます。

愛を告白するなら、たとえばキラキラした夜景を一望できるような席を設け、周囲に声が漏れないようにレイアウトもゆったりさせなければなりません。

プライベートパーティーを楽しむなら、自宅の客間にゲストを招くようなアットホームな個室空間が欲しいところです。

また、取引先と誰にも聞かれたくないような密談をするなら、隠れ家のような空間があるといいかもしれません。

もし「あまり長々とおしゃべりをして長居してほしくないな」とか、「自分の店であまりグチをわーわー垂れ流してほしくないな」とか、「もっとカップルに利用してもらいたいな」という場合は、それに合わせて店のデザインを変えればいいのです。

椅子やテーブルの配置を移動してレイアウトデザインを一新したり、家具や照明を入れ替えたりするなど、空間デザインを変えることで、自分の店に来てほしい客層をセグメント化できます。

その「合理化」はお客さまのため？

食券の券売機やスタッフを呼ぶテーブル席のベルスターなどを導入している店がよくあります。これらはとても便利なシステムですが、本当にお客さまのためになっているのかどうかをよく考えてみる必要があります。

厨房と直結した券売機があれば、お客さまがメニューを選んでスタッフに伝える手間なく食券を購入した瞬間にオーダーできます。

食券を手渡しにする場合もメニューが明記されているのでオーダーミスを防げますし、食券購入と同時に精算されるのでレジで支払いをする手間も省けます。

松屋フーズが運営する新業態「松のや」は、入り口で食券を買って席で待機していると、テーブルに設置されたモニターに食券の番号が表示され、料理ができたことを知らせてくれます。

お客さまはその知らせを受け、キャッシュ&キャリーで自らカウンターに料理を取りにいきます。こうしたシステムは、お客さまにとっても店のスタッフにとっても合理的といえるでしょう。

ただ、私が以前手がけた福島県の「なか卯」に食券の券売機を導入したところ、年配者が多い地域だから食券の買い方に戸惑うと指摘されました。

若いビジネスパーソンや学生さんが多いエリアなら券売機に戸惑う心配はありませんが、年配者が多い地域ではそうしたことも考慮する必要があります。

回転ずしのタッチパネル式の注文方式も、若い人や子どもはゲーム感覚ですぐに使いこなせますが、デジタルデバイスに不慣れな年配者にはストレスになります。

アフターコロナ時代は、**お客さまが注文してから料理が届くまで誰とも接触しないで済むシステムが増えると思いますが、年配者でも使いやすいシステムにする必要があります。**

デジタル化したり、システマチックにすることで、スタッフの作業効率がよくなれば、「すき家」のようにスタッフがたった1人で接客から調理、会計までワンオペでできます。

私も「なか卯」に「すき家」のようなワンオペシステムを導入する際のデザイン設計にかかわりました。ワンオペシステムは賃金と労働生産性を最低限に抑えられるという点で、コロナ禍のような局面では有益なシステムといえます。

客席に設置されたベルスターも、スタッフにいちいち声を出して呼ぶ手間が省けるので、お客さまのストレスを軽減する便利なシステムといえます。

スタッフもベルスターがあればムダに動き回る必要がなくなるので、接客の効率がよくなります。ただ、スタッフが「ベルが鳴らない限り待機していよう」というスタンスになると、ホールへの細かな目配りが行き届かなくなることがあります。

便利なシステムとはいえ、お客さまへのサービス向上という点では、使い方を一考する必要があるのです。

一方、「丸亀製麺」のような讃岐うどん系の店は、お客さんがお盆を持って歩きながら、どんぶりに入ったシンプルな素うどんにトッピングしたい具材を好きにのせてカスタマイズするスタイルです。

ビッフェに似ていますが、盛り付け作業からトレイを自席に運ぶ作業までお客さまに委ねることになり、ホールスタッフも最低限しかいません。

それでも、お客さまは自分の目で実際に具材を選びながら自分好みのうどんを作ることができるので、サービスが悪いとは感じません。

これからの時代は、パントリースタッフがお客さまに商品を運ばなくても済むようなシステムやそれに応じた空間デザインを考えていく必要があります。

いずれにしても、**店のシステムを合理化する際は、お客さまにとってもスタッフにとっても、有益になる配慮が必要**です。

「入りやすい店名」と「入りにくい店名」の違いとは？

店のネーミングは、集客を決定づける大きなポイントになります。

実は、店の名前には「入りやすい店名」と「入りにくい店名」があるのです。

たとえば、あなたが空腹を抱えながら車を運転していたときに次の2つの看板が並んで見えたら、どちらの店に入ろうと思いますか？

①「おおにし屋」
②「うどん大西」

おそらく、ほとんどの人は「うどん大西」に入るのではないでしょうか。

理由は、何の店かが一目瞭然だからです。

知名度がなければ、固有名詞の店名だけでは何の店か検討がつきません。**人はパッと見てよくわからないものを、無意識に避ける傾向にあります**。何の店であるかが一目でわかるほうが、集客という観点では圧倒的に有利なのです。

その意味で、横文字だけのカフェやフランス語やイタリア語がずらずらと並んだ店名も、集客という意味では不利です。横文字だけの店名は一見おしゃれな印象ですが、お客さまに何の店か伝わらなければ来店は望めません。

カフェはせめて「Café」とか「coffee」という表記を入れましょう。そうでないと、看板だけではバーなのか雑貨屋なのか美容院なのか、まったくわかりません。

フランス料理やイタリア料理も、トリコロールの国旗マークをロゴに入れたり、国旗をエントランスに飾ったりデザインに取り入れることでわかりやすくなります。

前述の私の店も「ＯＬＬ ＫＩＴＣＨＥＮ」と横文字ですが、「デザイナーズ バル」と銘打つことで、「バルなんだな」「デザイナーがやっているおもしろいお店なのかな」という興味を喚起させるようにしています。

また、**店名に付随する店のキャッチフレーズもブランディングに有効**です。

「吉野家」のキャッチフレーズは、高度成長期には「はやい、うまい、やすい」でしたが、１９９０年代には「うまい、はやい、やすい」に変わり、２０００年代には「うまい、やすい、はやい」に変わりました。

昔は店の看板にこのキャッチフレーズが入っていましたが、今は店名もキャッチフレーズも日本全国に浸透しているので、「吉野家」の漢字とローマ字表記のみの表示になっています。

店名プラスご当地ブランディング

「なんとなく入りたくなる店」は、店名にさりげなくついている「地名」がブランディングに一役買っていることがあります。

たとえば、私の設計事務所は兵庫県の芦屋にありますが、古くから日本有数の高級住宅地として知られる「芦屋」という地名は、ブランドイメージをアップするのに有効です。

店名に「芦屋」と冠するだけで、その店のイメージが数ランク上がります。

お隣の神戸は芦屋よりも有名でブランド力もある地名ですが、上質感をアピールするなら芦屋の名がものをいいます。

ちなみに、前述の私の店では、スタッフのユニフォームや前掛けのロゴにちょっと大正モダン風のレトロな書体で「芦屋」の地名を入れています。

昔ながらの造り酒屋や醤油醸造所の職人がつけているようなレトロな前掛けに「芦屋」と書かれているだけで、「芦屋の由緒ある老舗の新業態なのかな?」などとイメージしていただけることもあります。

地名の力を店のネーミングやロゴにぜひうまく取り入れることをおすすめします。

地名が特に有名でない場合は、「JAPAN」とつけるだけでワールドワイドなイメージになります。

ほかにも、ブランドイメージの向上に役立つ地名はいろいろあります。

万人が食材の美味しさや豊かさをイメージしやすいのは、「北海道」です。

同じポテトやバターでも「北海道産」といわれるだけで、ぐっと風味が増して味が濃厚になるような気になりますよね。

「OLL KITCHEN」のスタッフのユニフォームには
老舗風のロゴをデザイン

インバウンドにアピールするなら、「東京」です。

千葉県にあるディズニーランドも「東京」と冠されているように、東京がつくだけでインターナショナルな感じになります。


「京都」もブランド力の高い地名です。

「京都発祥」とか「京風」といわれるだけで、由緒正しい歴史や風情のあるイメージになります。

京都をネーミングに使い分けているおもしろい店があります。

それが、「牛カツ京都勝牛」です。

この店はもともと京都発祥の店なので、それをネーミングにどんと入れて発祥地の特別感をアピールしています。ところが、まったく同じ商品を扱っている店なのに、一方は「勝牛」と書かれた提灯が店頭にさがり、もう一方は「60秒で揚がります。」と書かれた提灯が使われている事例があります。

写真上・「牛カツ京都勝牛」の店頭にさがっている「勝牛」と書かれた提灯。下が「60秒で揚がります。」バージョン

実は、後者はビジネスパーソンが多い立地にあるため、「60秒で揚がる」とスピーディーに食べられるイメージを強調する目的があるようです。優雅な京都の地名を冠するより、忙しいビジネスパーソンに向けてキャッチフレーズを付けたネーミングにすることで、**ターゲット層をセグメント化**しているのです。

同じ店でもターゲットに合わせて地

「麺屋武蔵　上海店」の店頭に、総本店「新宿」の名を掲げて
日本発の名店であることをアピール

名の使い分けをするユニークなアイデアを提案したのは、「勝牛」を展開する株式会社ゴリップの創業者である勝山昭氏ご自身だそうです。

私も店舗デザインに地名ブランドをよく利用します。

私が手掛けた「麺屋武蔵　上海店」には、店舗の外観や床、壁などに「新宿」「池袋」「吉祥寺」「渋谷」といった日本の地名を取り入れたデザインにしました。

それだけで日本発の店であることが現地の人に伝わるので効果的です。

150m前からドライバーを店に誘導

車で走行しているドライバーに来店を誘導する場合は、150mほど前から店の看板を出します。もし予算があれば、300m前からも看板を出すのが理想的です。

右左折する場合は30m手前の地点で合図する交通ルールがあるので、**30mほど前にも、「○○店へは30m先を左折」などとナビする看板**を出します。

何度も看板を出す理由は、ドライバーに心の準備をしてもらうためです。

店のすぐそばに看板を出しているだけでは車は急に止まったり左折したりできないので、**150m前から看板を出してドライバーに心の準備**をしてもらい、徐々に店に誘導する必要があるのです。

もしドライバーが「あの店に行こうかな、どうしようかな……」と迷っていても、走行しながら何度か段階的に看板が出てくると、一種のサブリミナル効果で「やっぱりあの店に行こう！」という気持ちに傾きます。

看板を設置する際は、高い所にあるほうが目立つと思われるかもしれませんが、実は低い所にあるほうがドライバーの視野に入りやすいのです。

こうした看板を設置するときは、私は実際に店を探しているドライバーになったつもりでその道を車で何度も走行します。

「この辺に看板があると、ドライバーの目につきやすいな」
「ここはいろいろな看板があってスルーされるかもしれないから、避けよう」

などと、店のあるロードサイドの風景をチェックして看板の位置や高さを具体的に決めていくのです。

もしＧｏｏｇｌｅ Ｅａｒｔｈしか見ないで「だいたいこの辺だろう」と決めてしまうと、実際の感覚よりもズレが出る場合があります。店に誘導するためには、実際に現地周辺に足を運ぶ丁寧なシミュレーションが欠かせないのです。

なぜ「すき家」の入り口に時計台があるのか？

読者のみなさんの中にはお気づきの方もいると思いますが、「すき家」のファサード（建物の正面）には必ず大きな時計台がそびえています。

なぜ牛丼屋の入り口に、こんな時計台があるのでしょう？

実はこの時計台は、「すき家」発祥の地である横浜にある横浜市開港記念会館と、赤レンガ倉庫をイメージしているといわれています。横浜の開港によって牛肉文化が日本人に普及することになったので、時計台にはそうした歴史を象徴する意味もあるようです。**大きな時計があると、つい人は時刻を確認したくなって時計に視線を送る**ので、時計とともに「すき家」の存在を認知させることができるのです。

第1章で、私の芦屋の店の外壁アートに道案内の絵を入れているのは、人が情報を読み取ろうとして視線を誘導できるからだとお話ししたのを覚えていますか？「すき家」の時計も、道案内の心理と同じ理屈です。

広告をうるさく入れると、人は無意識にスルーしてしまいますが、**道案内や時計などの情報は自ら能動的に見ようとする**のです。

ちなみに、東京・銀座4丁目交差点の「和光」の時計は、銀座のシンボルになっていますし、北海道の「札幌市時計台」も札幌のランドマークになっています。

また、英国のウェストミンスター宮殿の時計台「ビッグ・ベン」も、ロンドンを象徴する存在として世界中に知られています。これらも大きな時計が道行く人々の目を引き、その街の象徴となっている好例といえます。

「ららぽーと」も「イオン」もドアがない

片手に荷物を持ちながら、店に入ろうとしてドアを押すと、重い……。

「あれ？　思ったより力が要るな」

そんなとき、**小さなストレス**を感じませんか？

なんとなく自分が中に入ることを拒まれているような気分になり、**その時点で入店するテンションがちょっと下がります**。

特に買い物の途中で荷物をたくさん持っていたり、お子さん連れの女性にとって重たいドアは目の前に立ちはだかる邪魔な障壁になります。

こうした経験は、やがて「あの店はなんとなく入りにくい」というネガティブな記憶として刷り込まれて足が遠のいてしまいます。

たかがドアぐらいで大げさだと思われるかもしれませんが、「入りやすい店」と「入りにくい店」の差は、そうした小さなストレスが積み重なることによってどんどん大きくなっていくのです。

たとえば、ネットショッピングをしようとサイトにアクセスしても、妙に重くてなかなかトップページが表示されないと、「ああ、じれったいからもういい！」とそこで買い物するのをやめてしまった経験はありませんか？　そんなネットショップには二度とアクセスしないですよね。

重たいドアにも、お客さまは同じようなストレスを感じているのです。

「ららぽーと」や「イオン」など、最近のショッピングモール内のショップは、**ドアそのものを取り払った開放的な造り**になっています。

そのほうが、お客さまも安心してストレスなくショッピングできるからです。

私は株式会社アントワークスが商業モールに特化して出店しているチェーン店「デンバープレミアム」と「壱久好」の設計をすべて手掛けていますが、いずれもドアがなく腰壁も低い開放的なデザインにしています。

それによっていずれの店舗も商業施設内でトップの売り上げを誇っています。

飲食店や美容院などの場合は、においが近隣に漏れるのを防ぐためにドアを閉める傾向にありますが、アフターコロナの時代はむしろ換気をよくする意味でも、においや虫対策をしながら開放的なデザインに変えていく必要があります。

ちなみに、スーパーブランドやハイジュエリーの専門店では、重厚なドアの前に黒服の

「デンバープレミアム イオンモール草津店」と「㐂久好 THE OUTLETS HIROSHIMA店」はいずれもドアがない開放的なデザイン

「麺屋武蔵　北京店」のエントランスはドアの代わりにのれんをあしらった。
店の看板代わりにもなり、無意識に視線を向けてしまう

ドアマンがキリッと立っていて、気軽にふらっと入れない雰囲気を醸し出しています。

これは防犯上の意味もありますが、**あえて敷居を高くすることでブランドの特別感を演出**するとともに、お客さまをセグメント化しているのです。

高級レストランや料亭など単価の高い店でも、あえて重厚な門構えにして敷居を高くする見せ方にしている場合があります。

しかし、お客さまに気兼ねなく入店してほしい場合は、店に入るのをためらうような要素は取り払ったほうが得策です。

高級店でも、足元に行灯やキャンドルを置いたり、入り口にナチュラルなグリーンをあしらうことで**お客さまは温かみや優しさを感じ、店に歓迎されているような気持ちになります**。

私がデザインした「麺屋武蔵　北京店」のエントランスは、大きなのれんをドア代わりにあしらいました。

店名がローマ字で書かれたのれんは看板代わりにもなりますし、店の中と外を隔てる間仕切りにもなりますが、布製なので圧迫感がありません。

重いドアをつけなくても、軽やかな布を使うことで風格のある雰囲気を演出できるのです。

「一風堂」の狭い間口に仕掛けた工夫

間口が狭い店も、お客さまはなんとなく入りにくい印象を抱きます。

なぜなら、入店を歓迎されていないような気分になるからです。また、店の中の様子もわかりにくいので、お客さまが不安を感じて中に入るのをためらってしまいます。

とはいえ、建物そのものの間口が狭い場合は拡張することができません。そんなときは、視覚的に錯覚させ間口の狭さを感じさせないような演出が必要になります。

以前、神戸三宮の「一風堂」の設計デザインを頼まれたことがあるのですが、そこは間口が2mしかないという物件でした。

近隣の神戸元町ですでに営業していた「一風堂」は、間口が三宮の3倍はあり、壁もレンガ調でおしゃれなデザインの造りになっていました。

私は、これではどんなにがんばっても、「元町の一風堂はおしゃれなのに、三宮は狭くてぱっとしない」と比べられるのは必至だと思い、いったんお断りしました。

しかし、三宮の物件を現地でじっと見ているうちに、ふとある策を思いつき、その仕事を引き受けることにしたのです。

それは、間口の右半分をあえて格子柄の立体的な木の壁で覆い、そこに「一風堂」の巨大なロゴをドーンと重ねるというアイデアでした。

ただでさえ2mしかない間口の1m分をその格子で覆ってしまうので、入り口はますます狭くなります。

しかし、**格子柄の壁と「一風堂」の大きなロゴの迫力によって、間口の狭さに目がいか**

なくなるという視覚効果を狙ったのです。

結果は大成功で、「一風堂」の迫力あるロゴの存在感が際立って見え、間口が狭いことなどまったく気にならないファサードになりました。

壁とロゴの圧倒的なインパクトが、間口の狭さをくつがえしたのです。

このように、狭いものを無理に広く見せようとするのではなく、あえて〝隠す〟ことで狭さを視覚的にカムフラージュすることもできるのです。

店頭3m地点で瞬時に伝える「安心感」

アフターコロナ時代の最優先課題は、感染防止対策がいかに徹底しているかをお客さまに伝わる見せ方が問われます。

私は全国的に自粛モードだった2020年の4月半ばに、コロナ対策をどのように行っているかが一目瞭然のA2サイズのオリジナルポスターを急遽作成し、フェイスブックで公開しました。そのポスターを自由にプリントアウトして、コロナ禍にあえぐ多くの店舗

コロナと戦っている方々に、応援出来ることはないか
疲れたあなたを応援したい。
消毒の徹底
手洗いの徹底
換気の徹底
マスクの着用
席間の確保
お客様と従業員の安全確保を第一に
全力対策で営業しております
皆様のご協力とご理解をお願い致します

OLL DESIGNのホームページからダウンロードできる感染予防対策ポスター。
ひと目で伝わるわかりやすさを優先

にシェアしてもらおうと考えたからです。

夏になって、ようやく各自治体が感染予防シールのようなものを配布しはじめましたが、飲食店業界が自分で自分の身を守るには、行政の対策を待つのではなく、自ら積極的に動かなければなりません。

本来なら、ポスターの書体やレイアウトは、もっと洗練されたデザインにしたいところですが、コロナ感染予防対策に関しては、**おしゃれさよりも一目でパッとわかる伝わりやすさ**を最優先にしました。

ウィズコロナ、アフターコロナ時代に最も重要なのは、**カッコよさより安心感**です。

通常、道を歩いている人がたまたま見つけた店に入ろうとするとき、**「この店に入**

ろう」と決断するのは肉眼で確認できる約3m離れた地点だといわれています。

店頭から3m離れた地点でもお客さまの目に入り、「この店はちゃんと感染予防対策をしている安心できる店だな」と感じてもらえればOKです。

店頭に張り出されたポスターのそぐそばに手指の消毒液もセットで置くと、さらに安心感を与えることができます。

ホームページでも「安心・安全」の見える化

飲食店業界はそもそも**清潔な状態を維持するクレンリネス（Cleanliness）の徹底が不可欠**ですが、ウィズコロナ、アフターコロナの時代はさらに入念に行う必要があります。

テーブルやカウンターなど、お客さまが素手で触れる箇所の消毒を徹底し、使い捨てコップや容器、カトラリーを使用することで使い回しによる感染予防ができます。

また、店のスタッフのPPE（個人用防護具）として、マスクや手袋の着用を義務化する必要があります。

接客においても透明パネルなどの間仕切り対応をはじめとする飛沫感染予防対策をし、

併せてオンラインオーダー、支払い時のキャッシュレスでスムーズな電子決済も必須です。

さらに、フード&ドリンクのデリバリーサービスや、受け渡し専用カウンターの設置など、感染予防対策はさまざまな面で徹底しなければなりません。こうした対策をきっちり行っていることを、ホームページでもわかりやすく見える化することが大切です。

前述の私の店のホームページでは、トップ画面のど真ん中に「当店のコロナウイルス対策への取り組み」という1分40秒の動画を貼り付けています。

消毒を施すことで店内をくまなく清掃している動画を見せ、清掃後にどれほど数値が下がっているかも見せています。

こうした動画があると、**「この店はどの程度安全に清掃しているのかな?」**というお客さまの不安を一掃できます。

クレンリネスと同時に取り組む必要があるのは、**スタッフオペレーションの機械化とIT化**です。

通常、お客さまが店舗情報を調べて予約し、入店してから店を出るまでお客さまとスタッフの間で行われるやりとりのプロセスを細分化すると、40項目にも及びます。

やりとりが多いほど感染リスクは高まりますが、オペレーションをＩＴ化することで、これをかなり簡略化できます。

たとえば、お客さまがスマホでメニューを見てオーダーし、決済もスマホで完了できるようにすれば、店のスタッフとのやりとりを最小限に簡略化できるので感染リスクを大幅に減らすことができます。

自宅でスマホを見ながらオーダーできれば、テイクアウトの場合でも店内で召し上がる場合でも、お客さまをお待たせするストレスを軽減できるのです。

「入りにくい店」を「入りやすい店」にする8つのポイント

本章では「なんとなく入りたくなる店」のデザインの秘密をさまざまな角度から考察してきました。

「入りやすい店」は繁盛し、「入りにくい店」はつぶれる――それが飲食店の絶対ルールです。基本はお客さまにストレスを感じさせないデザインです。「入りにくい店」のポイントを８つにまとめました。次の中で当てはまるものが多いほど、「入りにくい店」です。

あなたの店はいかがですか？

①看板を見ても何の店だかわからない

看板に店名しかないと、何を売っている店なのかがわからないのでお客さまに避けられてしまいます。看板を見ただけで、どんな料理の店かがわかるデザインにしましょう。

②店内が暗くてよく見えない

店の中が暗くてよく見えないと、お客さまは不安を覚えます。店内の様子が外からもわかるような照明に変えましょう。

③店が奥まった場所にある

店が通りから少し入ったようなところにあると、どんな店かわからないのでお客さまは警戒します。店のエントランスまでのアプローチに温かみのある照明をプラスして、安心感を与えましょう。

④入り口に2〜3段の段差がある

段差があると、それだけで店に入るのが面倒になります。入り口に目を引くディスプレイを施して、段差に目がいかない工夫をしましょう。

⑤間口が狭い

店の間口が狭いと窮屈な感じがして、中に入ることに抵抗感を覚えます。入り口から店内が明るく見えるようにして、窮屈な印象を緩和しましょう。

⑥ドアが重い

ドアが重いと、店に拒絶されているような気持ちになります。重いドアはやめて、開放感のあるエントランスにしましょう。

⑦店の周囲が汚い

店の周囲に枯れ葉やゴミなどが落ちていると、店内まで不衛生な印象を与えます。店頭だけでなく店の両隣のゴミもこまめに清掃しましょう。

⑧入り口に屋根がない

店の入り口に屋根がないと、雨や雪の日にお客さまから敬遠されます。入り口に雨除けの庇やテントをつけることで、雨の日も入りやすい印象になります。

以上の８つのポイントを一つでも多く改善することで、「入りにくい店」が「入りやすい店」に変身し、繁盛店に生まれ変わります！

COLUMN

新しい選択肢「ゴーストレストラン」と「クラウドキッチン」

「コロナ禍で出店を考えていたけれど、集客が見込めなさそうだな……」

「先が見えないので、出店するための投資ができない……」

そんな店舗経営者の声が連日報じられています。

私の周囲にも、「飲食店を開業しようと考えていたけれど、諦めようか……」と悩んでいる方がいます。

出店を迷っている方におすすめなのが、「ゴーストレストラン」です。

ゴーストレストランとは、実店舗を保有しない飲食店で、中国やアメリカで人気のビジネススタイルです。

私も4年ほど前に出張で北京や上海に滞在したときは、よくゴーストレストランからデリバリーしていました。

中国やアメリカでは、日本で「ウーバーイーツ」や「出前館」が普及する何年も前からゴーストレストランからデリバリーするサービスが普及していました。

ゴーストレストランは実店舗がないので、調理は間借りしたクラウドキッチン（シェアキッチンの一種）などで行います。実店舗がある場合は、定休日や空き時間をクラウドキッチンとして運営することも可能です。

お客さまへの配達はウーバーイーツなどのノードデリバリーサービスを通じて行います。

COLUMN

新しい選択肢「ゴーストレストラン」と「クラウドキッチン」

ゴーストレストランなら、実店舗の約10～15%のコストで出店できます。出店費用を抑えられるので、実店舗の出店までの資金を貯めることができます。また、デリバリーサービスに特化するため、集客を心配する必要がありません。ゴーストレストランもクラウドキッチンも、コロナ禍で業績を伸ばしている業態です。

たとえば、実店舗を持たないフードデリバリー専門店「Ghost Kitchens」では、一つのクラウドキッチンで、「ビーガンタコス料理」「地中海式料理」「フルーツスムージー専門店」といった複数の店を営業しています。

出店を迷われている方は、こうした新しい飲食業態も選択肢に入れることをおすすめします。

ちなみに、前述の私の店は、次の新たな業態を生み出す実験としてファストフードにしようと考えています。それがうまくいったら、また次の実験をするかもしれません。また、「オーナーズチャレンジ」と銘打って、飲食店の開業を目指す方にレンタルし、クラウドキッチンやリアルな店舗を開業する前のトライアルの場として活用していただく予定です。

さらに、企業が新商品を試食する場に利用していただくスペースとしてご活用いただくプランも進めています。

第3章

行列ができる店には「ダサカッコイイ」の法則がある

「ダサカッコイイ」の法則とは？

私は今まで自分が手掛けた数多くの店をはじめ、国内外の膨大な数の店舗を見てきました。

それらをさまざまな角度から分析するなかで、ある法則を導き出しました。

それは、人気のある繁盛店は「ダサカッコイイ」ということです。といっても、デザインがちょっとダサいという意味ではありません。

「ダサカッコイイ」とは、「ダサい」と「カッコイイ」を合体させた造語です。

たとえば、2018年にDA PUMPの「U・S・A」が「ダサカッコイイ」といわれて大ヒットしました。「U・S・A」はバブル時代に流行ったようなアゲアゲノリノリのビートに、「カモンベイビイ」「リーゼント」といった昭和ヤンキーっぽい歌詞、上下がミスマッチなジャージファッションなどなど、「ダサい」要素が満載です。

にもかかわらず、キレのあるパフォーマンスでまとめ上げることによって「カッコイイ！」と感じるエンターテインメントになっていました。

「ダサい」要素があるのに、「カッコイイ」と感じる——相反する概念を、さらに高い段階で融合して生かすことを哲学用語でアウフヘーベンといいます。これはドイツの有名な哲学者ヘーゲルが提唱した弁証法の基本概念です。

「ダサカッコイイ」は、そうした哲学的概念を体現した言葉なのです。

マイナスの要素がプラスに転じると、その振れ幅の大きさに人は心を大きく動かされ、記憶に深く残ります。**人はギャップがあるほうが萌える**のです。**「ダサカッコイイ」ものは、単なる「カッコイイ」ものよりも多様性がある**ので、人の心をつかんで離さない魅力があります。

だから、**多くの繁盛店は「ダサカッコイイ」**のです。

私が考える「ダサカッコイイ」デザインは、単に見た目のデザインだけではなく、集客のための仕掛けやスタッフの作業効率、店全体のコストパフォーマンスを考えたサービスやシステムのデザインにもかかわってきます。本章では、さまざまな角度から繁盛店に欠かせない「ダサカッコイイ」の極意について考察していきたいと思います。

成長性や収益性は「店の顔」に出る

あなたが飲食店のオーナーさんで、自分の店に初めて行くとします。

最寄り駅から店までの道すがらの風景、近隣の店舗の様子も観察しながら、お客さまになったつもりで店に向かってください。そして自分の店の前に立ってみてください。

普段なら、よく知っている見慣れた景色としてスルーしてしまいがちですが、初めて訪れるお客さまの気持ちになってみると、それまで見過ごしていたものが見えてきます。

「駅のそばにいつのまにか競合店ができているな……」

「あれ？　隣の店の植栽が生い茂っていて、うちの店の看板が見えにくいな……」

「うーん、照明が薄暗くて、外から店内がほとんど見えないな……」

そんなふうに**客観的にあらためてよく見てみると、いろいろな気づきがある**はずです。

店のオーナーさんは自分の店のことを当然よく知っているので、お客さまの気持ちに気づきにくい傾向があります。でも、店のことをよく知らないお客さまになったつもりで自店を観察すると、問題点がおのずと見えてくるはずです。

たとえば、自分では「どや、カッコイイやろ！」とキメているつもりでも、他者から見ると、「パッとしないなあ……」ということがあります。

そうした落差に気づかないままでいると、客足が遠のくのは言うまでもありません。

客足が絶えない繁盛店には、独特の「顔」があります。

初めてのお客さまでも入りやすい親近感や安心感を覚える「ダサカッコイイ」顔をしているのです。

私はそうした店を見ると、店の安定経営に欠かせない収益性や成長性というポテンシャルを感じます。

ポテンシャルが高い店は、価値が高くなります。

私は今まで中国で飲食店はもちろん、コンビニからショッピングモール、百貨店まで多数の店舗をデザインしてきましたが、中国人のオーナーさんは店をオープンした初日から、「この店はいくらで売却できるか？」ということを考えています。

日本人の感覚だと、「ずいぶんドライだな。生まれたばかりの自分の子のような店に対して、愛がないのかな？」と、不思議に思われるかもしれませんね。

でも、決して中国人のオーナーさんに愛がないわけではありません。

むしろ、自分の店を大きく成長させたいと願っているからこそ、企業が時価総額にこだわるように自分の店の価値を高めたいと考えているのです。

自分の趣味を極めることが目的の店ならそこまで考える必要はありませんが、繁盛店にすることを狙うなら、**常に自店の価値を客観的にとらえる必要があります**。

オンがオフに切り替わる「脱力の瞬間」をつかむ

私の知り合いである大手メーカーの営業本部長Aさんは、コロナ禍になるまでは大企業の社長や役員を連日接待していました。

毎日のように、てっさ、ふぐちり、神戸牛のステーキ、フカヒレスープ、ツバメの巣、フォアグラ、トリュフ……とグルメ三昧。

接待後、Aさんはホッとする瞬間が欲しくて、ある店にいつも通っていました。

その店はAさんの隠れ家的な存在で、気取らない雰囲気にとてもリラックスできるそうです。

そこで彼が必ず食べていたのが「うどん」です。

メニューにはないのですが、店長が常連客だけにサービスでダシの効いたうどんを提供してくれていたそうです。

「あの店があるおかげで、毎晩忙しくても元気でいられるんです」と彼は話してくれました。

ビジネスパーソンには、必ずオンとオフがあります。

オンは仕事モード全開で気を張っている時間です。

オフは仕事の合間や仕事終わりに気を抜いてリラックスする時間です。見栄やプライドや世間体から解放され、素の自分に戻ってダラッと脱力できる貴重な時間でもあります。

だから、忙しいビジネスパーソンは、オンからオフにスムーズに切り替えることができるスイッチを無意識に欲しています。

繁盛店とは、まさにそうしたオン・オフの切り替えスイッチになる存在です。

オフになる快い瞬間に心をつかまれたお客さまは必ずリピーターになるので、客足が途絶えない繁盛店に成長していくのです。

Aさんにとってのオフは、接待後にうどんを提供してくれる店で過ごすひとときでした。仕事終わりだけでなく、仕事の合間にちゃちゃっと食事を済ませる店であっても、ほっと一息ついてオフを満喫できます。

断言します。**人をオフにすっといざなうには、隙のないクールな店より、隙のあるダサカッコイイ店のほうがいい**のです。

すっきりとシンプルで隙のないデザインにすれば、一見とても洗練されて見えるかもしれませんが、どこか冷たい印象を与えるので本当の意味でリラックスできません。

たとえば、あえて雑貨屋さんのようなごちゃごちゃしたディスプレイにしたり、店内に表示するメニューを手描き文字にしたり、ほっこり感のあるデザインのファブリックを加えるだけでも、そこに人はぬくもりを感じて自然にリラックスできます。

表向きはどんなにカッコつけていても、人はふっと脱力できる安心感のある場所を本能的に求めるのです。

だから、そうした人の心理を意識した店舗デザインが必要なのです。

ドヤ顔の美意識より、ハートに響く優しいデザイン

「この壁はホンモノのレンガでないとダメ」

「このカウンターはホンモノの一枚板のヒノキでないとダメ」

美意識が高くこだわりの強いオーナーさんや設計士は、よくそんなことを言います。

ホンモノの素材を使うと、確かに空間全体のデザインが素敵に仕上がります。

客単価が3万円を超えるような高級店の場合は、目の肥えた客層が中心なので、ホンモノへのこだわりも大切かもしれません。

しかし、**お客さまはホンモノのレンガやヒノキのカウンターに座りたくてその店を選ぶわけではありません**。

ホンモノにこだわることが、集客に結びつくわけではないのです。

しかもホンモノにこだわれば、コストも当然跳ね上がります。

これまでお話ししたとおり、あれこれこだわって店にコストをかけすぎたデザインは、

店舗経営をしていくうえで資金繰りの大きな足かせになってしまいます。

設計デザインに携わっていると、コストがかかってもホンモノにこだわったり、美意識の高いものにしたいという欲望に駆られがちです。

実はかく言う私も、設計士になりたてで鼻息の荒かった20代の頃はこだわりが猛烈に強く、現場の職人さんたちとしょっちゅうケンカをしていました。

たとえば、タイルの配列にこだわって市松模様のデザインにしたはずなのに、職人さんが手間やコストがかかるといってデザインを無視した張り方にしたことがありました。

それを見たとたん、「こんなのは違う！」と私は職人さんが張ったタイルをハンマーでバチンと割ってやり直しを命じました。

またあるときは、柚子色の上質なクロスを張ってほしかったのに、コストがかかるという理由で色みが微妙に異なるクロスが張られていたことがありました。

それに気づいたとき、私は張りたてのクロスをベリベリッと容赦なくはがしました。

どれも今では懐かしい笑い話ですが、当時はいっさい妥協することができませんでした。

お客さま目線で見ると、そうした作り手のかたくななこだわりはただのエゴにすぎません。そのことに気づかされる出来事がありました。

十数年前、私がハワイでとある高級ステーキ店の経営者に店舗の設計を依頼されたときのことです。

非常に凝った内装デザインを提案したところ、「手間やコストがかかりすぎて絶対ムリ！」と、店の内装を請け負っていた施工会社が音を上げたのです。

そのとき、その経営者さんに強い口調でこう言われました。

「大西先生、私たちは飲食店ではなくビジネスを生む場所を作っているんですよ。先生が求める理想のデザインにこだわってほしいわけじゃありません。お客さまに伝わる雰囲気の店を予算内でデザインしてほしいだけなんですよ」

この一声で、私ははっと目が覚めました。

それこそハンマーで頭をがつんと殴られたような気がしました。

店のデザインを考えるうえで最も大切なのは、作り手側がドヤ顔で「どやっ、カッコイイだろう！」と押しつける美意識ではなく、お客さまのハートに響くデザインなのです。

たとえば、ホンモノの石を使わなくても、石のプリント柄の素材を張るだけで重厚な雰

「麺屋武蔵　上海店」。店内の壁をわざとムラのある塗り方にして上質感を演出

囲気を演出でき、コストを10分の1に抑えられます。

また、チープな単色のクロスでも、手書きの英字をさりげなく入れたり、色を塗り重ねたりすることで趣深い風情になります。

私がデザインした「麺屋武蔵　上海店」の壁は、わざとムラのある塗り方にすることで店の独創性や上質感を演出しています。

店舗デザインをする際にこだわるべきは、**「ホンモノであることではなく、ホンモノの雰囲気を醸し出すデザイン」**なのです。

私は国内外で数多くの店のデザインを手掛けるなかで、その事実に気づきました。

特に中国で店舗を作るときは、日本人のホンモノ志向が合理主義の中国人と嚙み合わないケースが多々あります。

たとえば、ある日本のアパレルブランドが中国に出店したときのこと。壁にレンガのタイルを張るよう指示していたのに、現地ではコストのかかるレンガのタイルではなくレンガ模様のプリントのクロスを張り、日本の本社が激怒したことが……。

ブランド名は控えますが、これに似た話はごまんとあります。

次にご紹介する中国の「ローソン」の事例も、まさにそんな日本と現地のギャップをいかに乗り越えたかという事例です。

非常識を常識に変えた中国「ローソン」の快進撃

私のデザインポリシーは**「郷に入れば郷に従え」**です。

第2章でお話ししたとおり、外国に出店するときは本国のルールを振りかざすのではなく、あくまで現地のニーズに最も合うデザインにするのが得策です。

中国で「ローソン」の店舗デザインを手掛けた事例をもとに、郷に入れば郷に従うデザインがいかに大切であるかについてお話しします。

「ローソン」はロゴデザインや店舗のデザインに細かな規定があるので、海外でもデザイン変更が容易ではありません。

しかし、中国にある「ローソン」の日本人社長は現地のニーズを熟知した人物で、「中国でチェーン展開するなら、店も中国に合わせたデザインにすべき」という考えの持ち主でした。

そのため、彼は日本本社に対して「中国現地に即した『マチのほっとステーショ』(ローソンのスローガン)にするには、中国のお客さまの嗜好をもとにした中国独自デザインの店舗を作りたい」と申請したのです。

そして、彼は私にこう言いました。

「ぜひ中国現地のニーズに合うローソンのデザインをしてほしい。責任は私が全部取るから」

私は彼の男気溢れる英断に賛同し、それによって**日本ではあり得ない型破りなインダス**

トリアルデザインのローソンが大連に、キッズ向けのポップなローソンが重慶に誕生することになったのです。

インダストリアルデザインは、英国の産業革命時代のファクトリーの雰囲気をイメージさせる空間デザインです。

「男前デザイン」ともいわれるように、骨太のアイアン素材などを多用したクールな雰囲気で近年人気があります。といっても、食品や日用品を扱うコンビニエンスストアがクールすぎると敷居が高くなって気軽に入店しにくくなります。また、個性が強すぎるデザインはチェーン展開が難しくなります。

そこで私は、各地でのチェーン化を視野に入れ、お客さまが気軽に入れるようにチューニングした「ダサカッコイイローソン」をデザインしました。

カッコイイ方向に振り切れば、もっとシンプルで未来的なデザインにできましたが、現地の人たちが気軽に入りやすい雰囲気づくりを優先したのです。

ガラス張りの外観や商品棚に黒いアイアンをアクセントに用いて、カウンターなどにはウッディな素材をあしらいました。

結果、欧米のおしゃれなフードショップのような雰囲気になり、たちまち人気店になりました。さらに、重慶では親子をターゲットにした「キッズローソン」も手掛け、**子どもがワクワクしてハッピーになるような遊び心のあるデザイン**にしました。

中国・大連の「ローソン」は黒いアイアンをアクセントにしたインダストリアルデザインの要素を取り入れた

ちなみに、同じ中国人でも大連の人は平均身長が高く、重慶の人は平均身長が低めです。それに合わせて、**カウンターの高さも大連は高めに、重慶は低めに微調整**しました。

ターゲットに合わせたデザインにしたのは、お客さまにストレスを感じさせないための配慮です。中国だから全部が全部、同じに統一すればいいわけではないのです。

大連と重慶で私がデザインした2つの異色な「ローソン」は話題を呼び、中国のフランチャイズ加盟が2割も増えました。

写真上・中国・重慶の「キッズローソン」は親子をターゲットにしたポップなデザイン

中・ガラス張りのイートインスペースはカフェのような雰囲気

下・壁に子どもの目が行きそうなかわいいイラストを配して楽しさを演出

最初はイレギュラーな存在でしたが、需要が増えたことで、今ではこの「ローソン」が中国のスタンダードになりつつあります。

規制があるとなかなか冒険しにくいかもしれませんが、収益という結果を出せば、このように厳しいルールが緩和されることもあるのです。

店のデザインをするときは、**最初から「これはどうせムリ」と決めつけず、既成概念を打破するチャレンジ精神が必要**だと私は思います。

USJで遊んだ後にお客さまが望むものは?

繁盛店を作るには、**その店の立地やターゲット層の心理を分析して、ニーズに合った空間デザインにするのが鉄則**です。

私が手掛けた「ユニバーサル・スタジオ・ジャパン(USJ)」に隣接する飲食店モール「ユニバーサル・シティウォーク大阪」の事例をもとにご説明しましょう。

依頼があった当初、USJ側からは「お客さまがハリウッド映画の夢溢れるテーマパークで一日中遊んだ後、その夢を最後まで壊したくないので、ハリウッドっぽくしてほしい」と言われました。

その理由はよくわかりました。確かに帰りに立ち寄る飲食店モールには、ＵＳＪの世界観の延長であるアミューズメント性が必要でしょう。

しかし、園内と同じような飲食店しかないとお客さまは食傷気味になってしまいます。少なくとも子連れの大人は、夕食ぐらいは少しリーズナブルに白い米でも食べてほっと一息つきたいという心理になるのではないでしょうか？

とはいえ、ＵＳＪを訪れる家族連れは子どもが主役ですから、夜だけ親の食べたいものに子どもを付き合わせるわけにはいきません。

そこで、私はモール内に新オープンする「牛カツ京都勝牛」「ゴッチーズビーフ」と、リニューアルする「焼肉カルビチャンプ」のエントランスに、**大人にも子どもにもそれぞれ目を引く仕掛け**をしました。

たとえば、「ゴッチーズビーフ」の入り口のいちばん目につくところに、**ステーキ＆白いご飯の写真とリーズナブルな価格を大きく表示**しました。それがあれば、大人は「子どもが喜ぶステーキもあるし、白いご飯も食べられるし、お手頃だから入ろうかな」という

「ゴッチーズビーフ ユニバーサル・シティウォーク大阪店」。店頭に熟成肉をディスプレイ

「焼肉カルビチャンプ ユニバーサル・シティウォーク大阪店」。ショーケースに子どもの目を引くおもちゃをディスプレイ

「牛カツ京都勝牛 ユニバーサル・シティウォーク大阪店」。提灯や牛の顔をアイキャッチに

心理になるからです。

また、その店の売りである食材を瞬時に伝えるため、エントランスに**大きな熟成肉と熟成中を示すストップウォッチをディスプレイ**しました。83ページで、時計があると人はその建物に注目する習性があるというお話をしましたが、ストップウォッチも同じ効果を狙ったものです。

子ども向けには、遊園地の延長のようなアミューズメント的要素が目を引く楽しいディスプレイデザインを意識しました。

「牛カツ京都勝牛」のエントランスには、お客さまが「これはなんだろう?」

と目を引くように、**複数の提灯を賑やかにともし、大きな牛の顔がついた神棚とお賽銭箱を飾りました**。さらに、「米」「60秒で揚がります」という文字を店頭に大きく掲げ、お客さまのニーズにダイレクトに訴求するディスプレイにしました。

また、「焼肉カルビチャンプ」のエントランスには、ショーケースにおもちゃなどを配し、「あ、ここにこんなものがある！」と、子どもが宝探しを楽しむような仕掛けにしました。いずれも「ダサカッコイイ」コンセプトがベースになっています。

こうしたアイデアは、飲食店モールに直接おもむき、**一日中お客さまの動向をじっくり観察して提案**しました。

結果は大成功で、それまでＵＳＪ帰りのお客さまに素通りされることが多かった店の売り上げが軒並みアップしたのです。

特に「ゴッチーズビーフ」はモール内で坪売り上げナンバーワンになり、「焼肉カルビチャンプ」も前年比１４７％の売り上げを実現しました。

いずれもハリウッドの世界観に結びつくものではありませんが、実際にこのモールを利用するターゲット層のニーズに直結するデザインをすることが重要なのです。

ＵＳＪのすぐそばだからカッコよくハリウッド風に寄せればいいわけではないし、人の流れが多いからといって集客につながるわけでもありません。

すべて施設側の指示や要望どおりにすればいいわけではなく、自分なりにターゲット層の心理を分析してニーズに直結する仕掛けをすることが繁盛店を作る秘訣なのです。

行列はできるものではなく、作るもの

行列ができる店にするには、自然発生的に並んでもらうのを待つのではなく、店側から仕掛けることが大事です。

たとえば、ショッピングモールのフードコートでは、なぜか「丸亀製麺」だけに並んでいるという光景がよく見られます。

はたから見ると、「丸亀製麺」だけが他店より突出して人気があるように見えます。

そもそも「丸亀製麺」はお客さまがうどんに好きな具材を自分でトッピングしてレジで精算するキャッシュ＆キャリースタイルなので、お客さまが並ぶのが当たり前の業態です。

つまり、「行列ができる仕組み」になっている「丸亀製麺スタイル」の業態を取り入れ

れば、**行列店を作って流行っている人気店に見せることができる**のです。

トリドールホールディングスがフードコートで展開する「豚屋とん一」「肉のヤマキ商店」も、お客さまをベルスターで呼ばず、並んでいただく丸亀製麺スタイルを取り入れています。

お客さまも、自らカスタマイズを楽しめる店では並ぶことにストレスを感じません。

フードコートに出店する際は、お客さまが並びやすい動線を考えた空間デザインが必要になります。

人間の脳には**「モノマネ脳」と呼ばれる神経細胞「ミラーニューロン」があるので、たくさんの人が並んでいるのを見ると、「自分も並んでみたい」という群集心理に駆られます。**

サクラのアルバイトを仕込んで行列を演出すると、サクラにつられて一般客がぞろぞろ並ぶのもモノマネ脳の働きです。

さらに、「行列ができる店」というウワサがＳＮＳなど口コミで広まったりすると、**「自分もぜひ食べてみたい！」**と感じます。

これは**「バンドワゴン効果」**といわれる心理作用で、大勢に人気があると思うと中身を吟味する前に自分もそこに乗っかりたいという気持ちが強くなるのです。

ほかにも、「一日30食限定」「関西に初出店！」などと限定感や初もの感をアピールすると希少価値が高くなるので、**「その貴重な味をぜひ体験してみたい！」**という衝動に駆られます。

行列ができる店は、こうした**「希少価値マジック」**を上手に利用しているのです。

同じ品でも希少価値がなくなれば、誰も並んでまで欲しくはなくなります。

第1章で、ブームになった店は廃れるというお話をしましたが、それはこの希少価値マジックの効果が消えてしまうからです。

このように「行列の科学」を知っていると、それをうまく利用して行列を作り、集客することが可能なのです。

待ち時間もストレスにならないおもてなし演出

行列ができる人気店のすぐそばに同様の業態の競合店があると、並ぶのをあきらめた人が競合店に移行する現象があります。

たとえば、イオンモール宮崎に「いきなりステーキ」がオープンした当日、午前中から大行列になっていたのですが、すぐそばにあった「ペッパーランチ」にもいつもより人が並んでいました。

「どうしても○○が食べたい」とスイッチが入ってしまったら、別のものに切り替えることはなかなかできないので、こうした移行現象が起きるのです。

これも**「行列の科学」**の一つの効果です。

ほかにも、店が狭くて、キャパオーバーによる行列ができてしまったり、調理に時間がかかるために回転率が下がって行列になってしまうケースもあります。

一方、私が手掛けたあるラーメン店では、店舗スペースは十分あるにもかかわらず、**「行列店を演出したいから、あえて客席はカウンター8席だけのデザインにしてほしい」**

という依頼がありました。ゆったりした客席レイアウトにしても、座面が高いカウンター席にすればお客さまの滞在時間は自然と短くなり、回転率は下がりません。

極端な例かもしれませんが、客席のレイアウトデザインによって、戦略的に行列を作ることができるのです。

ただ、お客さまは並ぶとストレスが高くなるので、待っている間に夏なら冷たい麦茶、冬なら温かな緑茶をサービスするなどのフォローが必要です。

私は**お客さまが行列に並ぶ待ち時間からおもてなしをすることが大切**だと思います。

中国をはじめ各国で大人気火鍋チェーン「海底撈（ハイディーラオ）」は、待ち時間が2時間などは当たり前ですが、お客さまはみんなリラックスして待っています。

なぜなら、カフェのようなウェイティングスペースで、待ち時間に無料でネイルサービスが受けられたり、スナックやドリンクが無料で飲食できたり、大画面でゲームをエンジョイできたりと、至れり尽くせりだからです。

お客さまはむしろそうしたサービスを楽しむことも来店の目的にしているようです。

まさに、待ち時間そのものがおもてなしになっている好例といえます。

待つ時間自体を楽しめるアミューズメント性のあるウェイティングスペースをデザインすれば、飲食店だけでなく**銀行などの金融機関でも顧客サービスを向上させることができる**のではないでしょうか。

店とスタッフのセンスにズレがないか？

お客さまにとって、接客するスタッフは店の顔になります。

たとえばアパレルショップで販売している服はスタイリッシュなコンサバ系なのに、店員のファッションがギャル系だったりするとお客さまは違和感を覚えますよね？

美容院でも、スタッフの個性が強すぎると「この人にカットされたら、どんな髪型になってしまうんだろう……」と不安になりませんか？

店の雰囲気とスタッフのセンスにズレがあると、お客さまは「なんか違うな」と感じ、二度と来店しなくなります。

そうした問題を回避するためには、**店のイメージに合った「ユニフォーム」**をスタッフに着てもらうのがおすすめです。

私はこれも空間デザインの大切な要素だと思っています。

前述した私の店でも、昼はおそろいのTシャツとエプロン、夜はコック服で統一しています。ユニフォームを昼と夜で変えることで、同じ店でも違う雰囲気を演出できます。スタッフがユニフォームを着ていると、お客さまは「安心感」や「特別感」を感じます。アルバイトスタッフであっても、ユニフォームを着用していると、どこか**「スペシャリスト感」**が出るのです。

スタッフのイメージと店のイメージはオーバーラップするので、スタッフ全員の身なりにも気を配る必要があるのです。

流行りの音楽を流せば客が喜ぶわけではない

店のBGMも空間デザインと連動しています。

有線チャンネルで流行りの音楽を流せばお客さまが喜ぶわけではありませんし、どの店でも似たような音楽が流れていては差別化もできません。

たとえば、あるミシュランの星付き高級そば店ではジャズを流していました。

そばといえば和のイメージを連想しがちですが、ジャズを流すことでぐっとモダンなイメージになります。

また、必ずしもBGMを流す必要はなく、**川の流れの音や動物の鳴き声など自然音が心地いいロケーションなら、それをBGMとして楽しんでいただく**方法もあります。

あるいは焼肉店なら**「ジューッ！」と肉の焼ける音**をあえてBGMで流して、お客さまの食欲をそそる手もあります。

ある天ぷら屋さんの店頭で**「パチパチ！」という天ぷらが揚がる効果音**を流す演出をしたことにより、売り上げが20％アップした事例もあるようです。

五感にダイレクトに訴える音の演出は、香りの演出に似ています。

スイーツ店が店頭でわざと甘い香りを漂わせたり、うなぎ店の前であの香ばしい匂いをかぐと、無性に食べたくなってしまうのもこうした心理を突いているのです。

江戸時代をイメージした干し魚の定食屋「しんぱち食堂」に入ったとき、トイレで古典落語をBGMに流していたことがありました。

その店は、「江戸時代の漁師が獲ってきた魚をまかないとして振る舞っているイメージ」という、なかなか渋いコンセプトでした。江戸時代の世界観が生き生きと語られる古典落語は、店の空間デザインに見事にハマっていました。

かつて私は「なか卯」オリジナルの入店音作りに携わったことがあります。今も流れているので、みなさんも耳にされたことがあるかもしれませんね。

入店時にその店固有のメロディが流れると、お客さまが入店するたびに愛着を感じていただけます。

たとえばファミリーマートの入店チャイムの音は、CMでも使われていますし、スマホの通知音にもなっています。自宅でそのチャイム音を耳にすると、「あ、ファミマだ」と、ファミマの空間を連想します。つまり、**オリジナルの入店音も、店の空間と連動しているのです。**店の空間をデザインするときは、そうしたことも考慮してみてはいかがでしょう。

音によるブランディングと集客促進効果は、まだまだ開拓の余地があると思います。

トイレのデザインにも手を抜かない

店の外観や内観のデザインばかりに目が行きがちになりますが、見落としてはいけないのがトイレのデザインです。

なぜなら、店内でお客さまが一人になってふっとリフレッシュできる憩いの空間は、トイレの個室空間しかないからです。

106ページでオンからオフに切り替わるスイッチの瞬間を実感できる店はリピーターが多いというお話をしましたが、トイレもそうしたスイッチにつながります。

回転率の高いビジネスパーソン向けのチェーン店には、簡素なトイレだったり、トイレそのものがない店もあります。

しかし、トイレは生理現象なのでトイレがないというだけで不安やストレスを感じ、お客さまに店選びの選択肢からハズされる可能性があります。

店の空間デザインがどんなにカッコよくても、**トイレの居心地が悪ければお客さまの店全体に対する印象まで悪くなってしまう**のです。

逆に、トイレの空間デザインにまで居心地のよさを追求すると、「トイレのこんなとこ

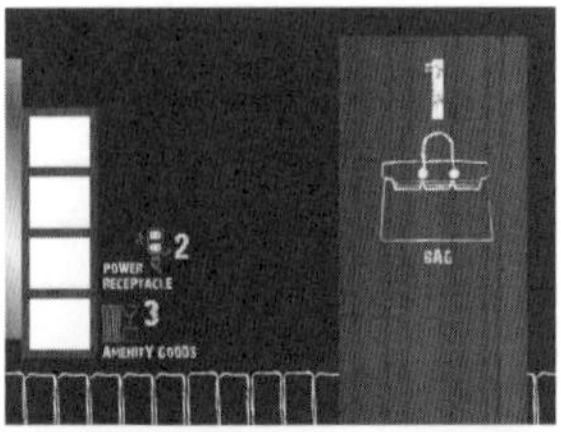

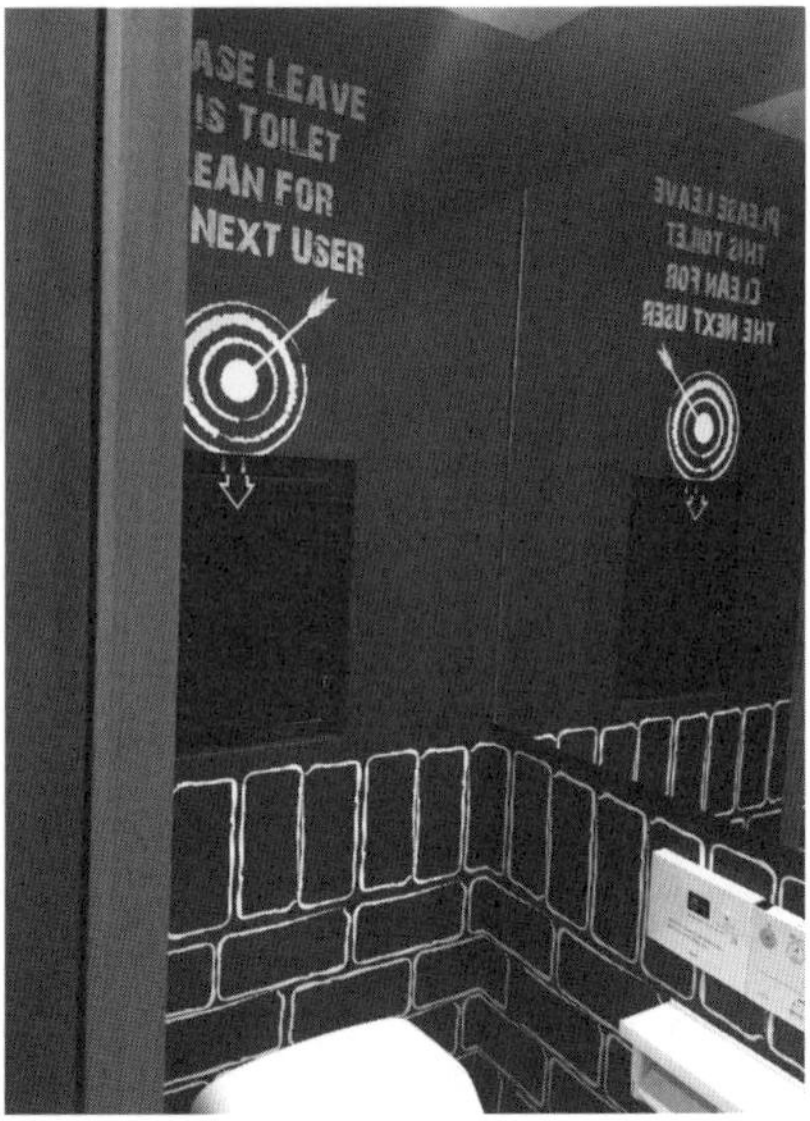

「TAP×TAP神田店」のトイレ。ドアにバッグを掛け、スマホを充電したり、アメニティアイテムを置く手順を視覚的に表現

ろまで目が行き届いているなんて！」とお客さまは感動してくれます。

第４章で詳しくご紹介しますが、私が手掛けた「黒い吉野家」では、観葉植物を模したグリーンでトイレの壁面全体を覆うなど、ほっと一息つけるオアシス感を演出しています。

また、私がデザインしたクラフトビール店「TAP×TAP神田店」は、トイレスペースが非常に狭かったので、お客さまがストレスを感じないようなデザインを工夫しました。

空間を広くすることは不可能だったので、お客さまが狭いことで使い勝手の悪さを感じないように、**トイレのドアや壁などに人の動線を示す大きな数字とアイコンを表示**したのです。

その結果、お客さまがスムーズに動けるようになり、中には番号どおりに動くことをゲーム感覚で楽しむお客さまも現れ、トイレの狭さをあまり感じなくなったと喜んでいただけました。

ちなみにこのトイレは、限られたスペースで寝起きするカプセルホテルをヒントにデザインしています。

今の時代はほとんどの人がトイレ内でスマホをチェックしているので、トイレ内に**スマホを充電できるスペース**なども考慮しなければなりません。

また、年配者の多い店では、トイレが客席から近いことやトイレ空間が広くて**バリアフリー化**されているといった配慮が必要です。

トイレのデザインにも手を抜かないことで、お客さまに**「安心感」「清潔感」「繊細なホスピタリティ」を印象づける**ことができ、店全体のイメージアップにもつながって、「また行こう」と感じてもらえる店になります。

トイレのデザインも、ただカッコよくすればお客さまが喜ぶわけではなく、使い勝手のいい機能性を優先した「ダサカッコイイ」デザインが必要なのです。

COLUMN

SNS発信もグラフィックデザインも餅は餅屋に

行列のできる店舗デザインに欠かせないのが、ＳＮＳ発信とグラフィックデザインです。いずれも、プロに任せることでクオリティが上がり、ターゲットに的確に訴求できます。

今の時代はＳＮＳによる集客アップが必須ですが、店は素敵なのにＳＮＳ発信がうまくできてないことで人気店になり損ねている店が少なくありません。

店のオーナーさん自身がＳＮＳに不慣れで、若いアルバイトスタッフにＳＮＳ発信を任せていたり、業務の片手間に投稿していることが多いためです。

しかし、アルバイトスタッフとオーナーさんでは店に対する思いに温度差があるので、アルバイトスタッフに任せるのはおすすめしません。

ＳＮＳ発信は今や必須の広告マーケティング活動なので、片手間ではなく本気モードで取り組む必要があります。

特に料理の撮り方ひとつでその料理が実物以上に美味しそうに見えることもあれば、実物よりまずそうに見える場合もあり、写真のクオリティは売り上げに直結します。

私が経営する「ＯＬＬ ＫＩＴＣＨＥＮ」では、店の情報をインスタグラムやフェイスブックで発信するにあたり、撮影が得意なＳＮＳ専用スタッフを置いて一任しています。

そのため、専用スタッフがインスタグラムに上げた料理の写真を見て、「あれが食べたい」とお客さまが来店されることも少なくありません。

COLUMN

SNS発信もグラフィックデザインも餅は餅屋に

店のメニューなどにかかわるグラフィックデザインも、専用のスタッフに依頼しています。飲食店は内装デザインだけでなく、メニューなどのグラフィックデザインも店の雰囲気作りに欠かせませんから。

プロのグラフィックデザイナーに依頼すると、それなりのコストがかかります。しかし、オーナーの意向や店のコンセプトをよく理解して表現できる能力がある人なら、美大生でもいいですし、プロでなくても構いません。

中途半端にオーナーさん自身でデザインすると訴求力のあるデザインにならないので、アウトソーシングすることをおすすめします。

第4章

牛丼屋の看板はなぜオレンジ色なのか？

空間デザインで作業効率も回転率も収益もアップ！

２０００年代に激増したチェーン店は、コロナ禍で大量閉店の危機に直面しています。これからの時代にチェーン店が生き残りを図っていくためには、店舗の「収益性」を高めることが必須です。

チェーン店の収益性は、店舗の空間デザインによって大きく左右されます。

本章ではチェーン店のさまざまな事例を挙げながら、繁盛店に導くデザインについて紹介します。

もちろん、デザインの方法論は一つだけではなく、ターゲットに合わせてさまざまな角度から柔軟にアプローチするのが私の流儀です。

これまでに述べてきた「ダサカッコイイデザイン」はもちろん、それだけにとどまらない方法論や、チェーン店だけでなく複数の店舗を経営されている方にとっても再現性の高いデザインのポイントについてお話ししたいと思います。

チェーン店の収益性を高めるには、まず**回転率を上げる空間デザインが不可欠**です。単価がワンコインのチェーン店は、回転率が高いほど収益が上がりますから。

回転率を上げるためには、まず**スタッフの作業効率をアップ**する必要があります。作業効率を上げるには、**スタッフがオペレーションしやすい機能的な空間デザイン**が不可欠なのです。

たとえば「かつや」の厨房は、スタッフ作業スペースが最小限で済む超効率のいいレイアウトデザインになっています。

厨房に1レーンのベルトコンベヤー方式のオートメーション調理システムがあるため、スタッフがお客さまのオーダーを受けて、衣をつけた豚肉を揚げ油に入れると、自動的にこんがりキツネ色のトンカツが揚がります。

あとはスタッフが器にトンカツやキャベツを盛ってお客さまに提供するだけなので、作業スペースが最小限で済みます。その分、客席スペースを増やすことができるので、回転率アップにつながるのです。

また、揚げたてでサクサクのトンカツをスピーディーに提供できるので、お客さまの満足度も上がりリピーター率も向上します。

さらに、アルバイトスタッフでも簡単に調理ができ、スタッフ数も最小限で済むので、人件費も削減できます。

このように、厨房を効率よくオペレーションできるデザインにすることで、**作業空間、人材、コスト、調理の「ムダ・ムリ・ムラ」を最小限に抑えて、収益アップにつなげる**ことができるのです。

ほかにも、「くら寿司」や「はま寿司」などの寿司チェーンでは、寿司をオートマチックに握る寿司ロボットを導入することによって作業効率を上げています。

また、多くのチェーン店では、調理機能を1か所に集約させる「セントラルキッチン」方式がスタンダードになっています。

セントラルキッチンがあれば、下ごしらえや仕込みなどの作業を簡略化できるので、調理スタッフの作業効率が上がるのはもちろん、各店舗の厨房スペースのコンパクト化も図れるので、その分、客席スペースを広くとることができます。

私は国内外の飲食店チェーンを数多く手掛け、さまざまな最新システムを研究していますが、こうした**日本の飲食店チェーンは作業効率や回転率のいい空間デザインという点で、**

世界一の水準を誇っていると思います。海外からも多くの飲食店経営者が日本の店舗デザインを学びにきています。

逆に言うと、**国土が狭く店舗スペースが限られる日本では、作業効率や回転率が向上する空間デザインでないと生き残れない**のです。

作業効率や回転率が上がらない場合は、「かつや」のように機械化によって厨房を省スペース化するという解決策を検討してみてはいかがでしょう。

もちろん、何もかも機械化して効率化すればいいというわけではありません。

たとえば「丸亀製麺」は、全店で粉からうどんを作っており、あえて手間をかけることを店の売りにしています。

なぜなら、「丸亀製麺」のコンセプトは「ここのうどんは、生きている」であり、打ち立ての生うどんならではの「丸亀食感」をお客さまに味わってもらうことが最大の訴求ポイントだからです。

その一方、前述したとおり、「丸亀製麺」はお客さまがセルフサービスでうどんにトッピングして席まで運ぶキャッシュ&キャリー方式なので、スタッフは厨房での作業に集中できる効率的なシステムになっています。

何を効率化して、何にきちんと手間をかけるべきなのか――繁盛店を作るには、その選別も大きなポイントになります。

効率のいい動きはCAに学べ！

キャビンアテンダント（CA）は、省スペースで効率よく作業をする達人です。

私はコロナ禍に見舞われる前は、毎月海外出張をしていましたが、旅客機に乗るたびに、CAのムダのない身のこなしには学ぶものがあると感じていました。

CAの動作は、目的地に到着する時刻から逆算し、すべての作業をシステマチックに完遂させるために計算されたものです。

限られた時間で素早く乗客の安全確認やケアをし、狭い通路でカートを移動させなら飲食の配膳や回収をする動作は、どれもムダがなくスムーズです。

大型旅客機だと通路の長さは70ｍに達することもありますが、大勢の乗客の食事やドリンクをコンパクトに収納して狭い通路を移動するカートは、まるでミニマムな屋台のようです。

旅客機内のこうした効率的な動きや仕様は、飲食店の厨房や客席のレイアウトデザインを考えるうえで大いにヒントになります。

スタッフが厨房やホールで快適に動ける空間レイアウトの店では、ムダな動きをせず、効率よくスピーディーに作業できます。

また、スタッフの作業効率がよくなると、たとえば今まで3人で行っていた作業が2人で済むようになり、人件費の削減につながります。

さらに、今まで1時間かかっていた作業が40分でできるようになるなど、労働時間も短縮できるので、残業コストの削減にもつながります。

私が20代のときに初めて手掛けた「なか卯」の店舗はわずか20坪しかなく、しかも2階建てなので店内に階段スペースが必要でした。

そこで私は**客席スペースを最大限に確保するため厨房を60%も縮小し、その中で効率よくコンパクトに動けるレイアウトデザインを提案**しました。

ただ、厨房スペースをそこまで大胆に縮小するなんて常識破りの禁じ手です。激怒されるかも……と思いましたが、営業部長に「厨房内での作業効率がかえってよくなったよ。大西君はすごいね！」と大絶賛されました。

これがきっかけで、私は西日本を中心とした「なか卯」の店舗デザインの多くを任されることになったのです。

スタッフが一人で接客から調理、会計までスムーズに行えるワンオペシステムを「なか卯」に導入する際のデザイン作りにもかかわりました。

厨房デザインの効率化は、華やかなカッコイイデザインとは異なりますが、店の収益を考えるうえで非常に重要なのです。

接客スタッフが癒やされるとなぜ収益が上がるのか？

スタッフが効率的に作業できる空間デザインにすることで、もうひとつ大きなメリットがあります。

スムーズに動ける空間では、スタッフのストレスが軽減されるので、笑顔が増えて表情が豊かになります。それによってスタッフ同士のコミュニケーションが円滑かつスムーズになりますし、接客態度も向上するので店舗全体の雰囲気がよくなります。

店の雰囲気がよくなれば、お客さまの居心地もよくなるので、リピーターが増えて収益アップにつながります。

このように、作業効率のいい空間デザインにするだけで、**「スタッフのストレス軽減」「スタッフコミュニケーションの活性化」「接客サービスの向上」「リピーター増加」「収益アップ」**という、いいことずくめの連鎖が起きるのです。

逆に、作業効率の悪い店はスタッフのストレスや疲れが溜まる一方なので、それが表情や態度に出てしまい、店全体がネガティブな雰囲気になります。

どんなにおしゃれな店でも、どんより疲れた表情のスタッフがネガティブな接客をすれば、お客さまは居心地の悪さを感じて二度と来てくれなくなります。

また、スタッフ自身にストレスがあると長続きしないので、定着率が低くなり、繁忙期に人手不足に陥ったり、人員募集の手間やコストが増える可能性もあります。

スタッフの接客態度をよくするには、マニュアルの徹底や教育指導をするだけでは限界があります。**スタッフが作業する厨房などの空間デザインはもちろん、スタッフの休憩スペースも心地よく過ごせる空間にする必要がある**のです。

表向きはラグジュアリーなレストランでも、スタッフ専用のバックヤードは店内の優雅さとは比べものにならないほど雑然とした空間だったりすることがあります。

舞台は豪華でも楽屋がみすぼらしいタコ部屋だと、スタッフの気分が萎えていいパフォーマンスにつながりません。

広い休憩スペースを用意したりコストをかけられなくても、壁に広さを感じる模様のクロスを張ったり、座り心地のいいチェアやクッションを置いたりして、スタッフがほっと一息ついてリラックスできるような心地いい空間を提供してあげることが大切です。

第3章の、「オンがオフに切り替わる『脱力の瞬間』をつかむ」（106ページ参照）、「トイレのデザインに手を抜かない」（131ページ参照）でもお話ししたように、仮に5分の休憩でもそこが心地いい空間であれば、人はオンとオフをスムーズに切り替えてリフレッシュできるのですから。

スタッフのバックヤードに芝生のオアシスを

ＮＡＳＡ（アメリカ航空宇宙局）が１９９０年代に行った実証研究では、昼間に20分余りの仮眠をとっただけで注意力が54％、認知能力が34％もアップしたそうです。

仕事中に軽い仮眠をとることを「パワーナップ」といい、欧米では社内にパワーナップのスペースを設ける企業も増えています。

スタッフが休憩時間に軽く仮眠をとるだけで注意力や認知能力が上がれば、仕事のミスを防ぐのに役立ち、サービスの向上にもつながります。

世の中の重大事故の多くは、疲労の蓄積やストレス過多による不注意から起きた人為的ミスだといわれています。

人は仕事で緊張状態が続くと、自律神経の交感神経が優位な状態が続いてストレスと疲労がどんどん溜まっていきます。

特に接客業はお客さまの目があるので、仕事中に気を抜いて私語を交わしたりすることが制限されますし、生あくびのような生理現象もがまんしなければならず、緊張状態が続きます。

店のスタッフが緊張した心身をふっとゆるめ脱力できる場所は、休憩スペースとトイレしかないのです。**スタッフにもオンとオフを切り替える空間が不可欠**なのです。

休憩スペースをスタッフが心身を癒やす「オアシス」にするには、たとえばスタッフルームに芝生を敷き詰めてはどうでしょう。

立ち仕事で足がむくんで疲れていても、芝生があればはだしでリラックスできますよね。あるいは、コンビニのレジ裏に芝生を敷き詰めてもいいと思います。レジカウンターの足元に青々とした芝生が茂っていて、そのふさふさしたやわらかな芝生の感触をはだしの足裏で感じながら仕事ができたなら、スタッフも自然にリラックスした笑顔をお客さまに見せて接客できるのではないでしょうか。実際にリアルな芝生を敷き詰めるのは難しいかもしれませんが、芝生のように心地よいカーペットをスタッフのバックヤードに敷くだけでも、立ち仕事のストレスをかなり軽減できます。

これはコンビニに限らずさまざまなサービス業にいえることですが、スタッフのバックヤード空間のデザインにも手を抜かないことが大切です。

背中合わせのソーシャルディスタンス

アフターコロナ時代は、ソーシャルディスタンスに配慮した客席のレイアウトを工夫する必要があります。

「あの店は密だからやめよう」

「あの店は向かい合った席ばかりだから避けよう」

お客さまにそんなふうに敬遠されれば、収益に大きく影響します。とはいえ、収益を上げるためには客席数もしっかり確保しなければなりません。

私は客席のレイアウトデザインは **「パズル」** と同じだと思っています。

決められた空間に対して、通路幅や水回りの位置など諸条件をパズルのピースに見立て、カチッと完璧にハマるレイアトをとことん考えます。

店のレイアウトデザインを考えているときの私の脳内には、まるでゲームの **「テトリス」** のような感じでパズルのピースが動き回っています。

前述した「なか卯」の厨房スペースを60％圧縮した際も、脳内でパズルのピースを動かしながら考えました。

決められた店内のホールに、いかにソーシャルディスタンスに配慮しつつ、多くの客席をレイアウトできるか？　――この命題をパズルを並べるように考えると、まず飛沫リスクが最も高い向かい合わせの席はお客さまも不安を感じるので、できるだけ減らすべきです。

また、隣り合わせの席も一定の距離をとらなければならないので限度があります。

でも、背中合わせの席なら、飛沫リスクが低いので席同士の距離をあまり空ける必要がありません。つまり、背中合わせの席の組み合わせを増やせば、客席数を確保できるというわけです。

密を避けるために客席をどうレイアウトすべきかでお悩みなら、**背中合わせの席を増やすことでかなり解決できる**と思います。

最近は客席を隔てるパーテーション用のパネルも、急激に普及しています。

しかし、たとえ薄くて透明なパネルでも、それが客席の間に1枚あるだけでお客さまは圧迫感や違和感を覚えます。

昔あった電話ボックスは、四方が透明でも中に入ると窮屈さを感じました。空間を隔てるものが1枚存在するだけで、人はストレスを感じるのです。

今、テレビのバラエティ番組でも、出演者同士が透明パネルで隔てられている光景が日常的になっていますが、違和感があると言うタレントさんが少なくありません。ある人気芸人さんは、「パネルがあるとコントのときに相方のタイミングがつかめない」とこぼしていました。テレビスタジオでも店舗でも、やはりパネルはストレスになるのです。

厨房とカウンター席の間に透明パネルの間仕切りを設置するのはやむをえないと思いますが、それ以外は背中合わせの客席を増やすレイアウトデザインに変更することで解決できると思います。

こうしたレイアウトデザインの変更は、図面上だけで考えるのではなく、実際に自分自身でいろいろ試してみることが大切です。

私は発泡スチロールで実物大の厨房機器やカウンター、椅子などを作り、「何歩でカウンターまで行けるか」「何分で提供メニューを作れるか」といったシミュレーションを行うことがあります。やはりリアルな体感が伴わないと、実際にレイアウトデザインを変更したとき、お客さまや従業員が動きにくい配置になっている可能性がありますから。

スペースの狭い店では、ソーシャルディスタンスという課題は非常に悩ましいものがありますが、実際にシミュレーションしながらレイアウトを工夫することで、安全性と快適性を損なわずに席数を確保することができます。

使って汚れるなら「ちょいダサ」がいい

「おしゃれな高級店なのに、床の大理石にヒールの跡がこびりついていて目立つ……」
「クールな最先端の店なのに、エアコンや換気扇に汚れがこびりついていて残念……」
「美味しいと評判の店なのに、床がベタベタしていて不快……」

毎日見慣れているスタッフは気づかないことでも、お客さまは敏感に気づいていることがあります。**どんなに見た目をおしゃれにドレスアップしていても、細かなところで「汚い」「不潔」「不快」と思われたら、百年の恋もいっぺんに冷めます**。

染みのある服を平気で着ている美女やイケメンより、地味だけど清潔な身なりの人のほうが安心できますよね。

おしゃれに走って汚れが目立つくらいなら、**「ちょいダサ」でも清潔さを優先**すべきです。

アフターコロナ時代は、店に清潔な印象がないと人は寄りつきません。少しの汚れでも、お客さまにとっては「一事が万事」です。「きっとほかのところもちゃんと掃除してないに違いない！」と思われてしまいます。

特に飲食店は口に入れるものを扱うので、**クレンリネスの徹底が肝要**です。

とりわけ、大企業が運営しているチェーン店に対しては、お客さまの目が一段と厳しくなる傾向にあります。

「向こう三軒両隣まで掃除をしなさい」――これは「モスバーガー」の創業者・櫻田慧氏の名言です。飲食チェーン店では昔からこの言葉が言い伝えられています。

クレンリネスは集客を左右する一大事なので、清掃をアルバイトに任せず清掃専門のプロスタッフにアウトソーシングしているチェーン店もあります。

お客さまからクレームが発生したり、ＳＮＳでネガティブなウワサが広まるリスクを避けるためにもクレンリネスを徹底する必要があります。

「かつや」はカッコイイを追求しなかったから成功した

トンカツやカツ丼などの揚げものを中心に提供している「かつや」は、油汚れに強い内装デザインになっています。第1章で紹介したように、壁やテーブルに油汚れがついても拭き取りやすい素材を使用することで、清掃しやすくしているのです。

清掃などのメンテナンスをしやすい樹脂素材は見た目がツルッとしていて簡素なので、どうしても店全体がチープな印象になります。

しかし、それによって油汚れがついてもスタッフがサッと素早く清掃できるので、店内は常に清潔な印象をキープできます。

見た目はカッコイイけど壁や床が汚い店より、ちょっとダサいけど清潔な店のほうが、お客さまの印象はいいのです。

「かつや」を展開するアークランドサービスホールディングス株式会社の臼井健一郎社長は、こうした顧客心理をよく理解している方なので、あえて内装をおしゃれにせず、清掃性をはじめとする機能面を優先するというコンセプトを貫いているのです。

そのため、外食チェーンが大ピンチに陥ったコロナ第一波のときも、「かつや」は20

２０年７月の業績が前年比で約１０７％となりました。

テイクアウトサービスを強化した側面もあるようですが、そもそもお客さまに「あの店は清潔」という「信頼感」がないとテイクアウト需要は増えません。

「かつや」はあえておしゃれにしないことで、お客さまの「信頼」を勝ち取り、売り上げアップにつなげているという点で、まさに「ダサカッコイイ」を体現している店だと思います。

「かつや」のように、トンカツや中華料理、とんこつラーメンなど、油汚れが避けられない店はどうしても床などがぬるぬるベタベタして滑りやすくなります。

お客さまが油汚れで滑ってケガをされたり、衣服が汚れたりしたらクレームになります。

油汚れ対策は、お客さまの「安心・安全」を守るためにも必須といえるでしょう。

流行りのスタイルより、オールドスタイル

年季の入った老舗の看板が黒ずんでいたり、風情のある古民家のような店舗の場合は、

お客さまは「汚い」とか「古びている」とは感じません。

むしろ、黒ずんだ汚れがあっても「いい味が出ている」とか、古びた家具を見ても**「由緒ある店はさすがオーラが違う」**など、お客さまの側から進んでプラスの解釈をしてくれます。

もちろん、そうした店が清掃を怠っていいというわけではありませんが、お客さまは古さ＝不潔とは感じず、かえって古さに価値を見いだすことがあるのです。

新品デニムにわざとひっかき傷や色落ちなどのダメージ加工を施すことで、デニムの価値が何倍にも上がったりするのによく似ています。

店の空間デザインにおいても、年季の入った感じを演出する内装やディスプレイによって、そんな感覚を喚起させることができます。

たとえば、新オープンの店にわざとユーズド感のあるヴィンテージ家具を配したり、新しい壁や床にわざと傷をつけたり、塗料が部分的に剥げた感じに仕上げることで、**年季が入っていながらも上品なシャビーシックな雰囲気を演出**できます。

また、店内にあえてレトロ感のあるアイテムを取り入れることによって、お客さまに長年親しまれているような安心感を与えることもできます。

私が印象深かったのは、以前訪れた中国の「老婆」という名の家庭中華料理店です。北京や上海など中国全土に展開する人気チェーン店なのですが、古いラジカセやチャンネルタイプのテレビ、オールドスタイルのさびついた自転車などが店内のあちらこちらにさりげなくディスプレイされており、思わずタイムトリップしたような不思議な感覚になりました。

また、とある香港のミルクティー専門店では、古い看板をオブジェのようにディスプレイして、古きよき香港のノスタルジックな雰囲気がうまく演出されていました。

今の中国の大都市や香港には、世界中の建築家たちの斬新な建築物が立ち並び、カッコよさを追求したモダンな店が軒を連ねています。そんな街の中に、古きよきこうしたレトロな雰囲気の店があると、かえって印象に残るものです。

アメリカの精神科医ロバート・バトラー氏が提唱した心理療法**「回想法」**によると、懐かしいおもちゃや写真を見たり、かつて流行した音楽を聴いたりすると、それが**自分自身の懐かしい記憶を呼び覚まして精神的にリラックスする効果がある**といわれています。

懐かしいものに触れると、童心に帰ったような甘酸っぱい郷愁を感じて心が癒やされるのは、こうした心理作用によるものなのです。

店舗のデザインにおいても流行りのカッコよさばかり追求するよりも、あえてそうしたものと逆行する懐かしさのあるテイストを取り入れることで、お客さまにとって心地いい空間を提供できます。

「チラ見せ」萌え効果の活用術

人は隠れて見えない部分があっても、脳内で勝手に連想してイメージを作り上げます。

たとえば、サバンナの写真に白黒の縞模様の４本足だけが写っているのを見せられ、「ここに何がいる？」と問われたとします。

おそらく小学生でも「シマウマがいる！」と答えるはずです。

実際には全体像が見えなくても、視覚情報は常に脳内で補正されて認識されるのです。

視覚と脳のこうした認知作用は、店舗の見せ方にもうまく応用できます。

たとえば、シェフがキッチンで調理している様子が見えると、まるで料理ショーを見物していて、ライブ感があって、お客さまはわくわくします。

ただ、厨房の様子が客席から一望できる「オープン・キッチン」にする必要はないと私は思っています。

なぜなら、料理人は調理の過程で肉や魚の内臓、野菜の切りくずなど、あまり見た目のきれいでないものも扱うので、オープン・キッチンですべてを生々しく見せると、お客さまにかえってマイナスイメージを与える可能性があるからです。

料理人がてきぱきと動いている雰囲気を客席に伝えることが目的なら、料理人の手先まで見せなくても、ひじぐらいまで見せるだけで十分です。

たとえば、料理人の手元に食材をディスプレイしたり、半透明なスモークガラスの間仕切りを設置すれば、手元をさりげなく隠せます。

そうすれば、お客さまはディテールまで見えなくても、

「今、魚をさばいてるみたい。さすがプロは動きにムダがないな」

「なんかフルーツをトッピングしてるみたい。どんな盛り付けなのか楽しみ！」

などと勝手に脳内イメージを膨らませてくれます。

あけすけにすべてを見せない「チラ見せ効果」によって、かえってお客さまの期待値を

高めることができるのです。

胃袋をわしづかみにする「丸見え」パフォーマンス

「麺をしゅっと湯切りしているところをお客さんにカッコよく見せたい」

以前、シンガポールのラーメン店の店舗デザインを依頼されたとき、オーナーさんにそう言われました。しかし私は「見せるべきは麺をカッコよく湯切りする姿ではない」とお伝えしました。なぜなら、多くのラーメン店がこだわっているのは麺よりも圧倒的にスープだからです。でも、店では注文されてからスープを作り始めるわけではないので、お客さまにはその店のスープがどのようにできあがるのかがわかりません。

お客さまにとって、**スープができる工程は最も興味深い「ミステリー」**なのです。

スープにどんな食材を入れているかを説明書きしている店もありますが、「百聞は一見にしかず」で、文字情報よりヴィジュアルのほうがお客さまの胃袋をがっつりつかみます。

これはあくまでもアイデアですが、私ならスープの巨大な寸胴鍋を耐熱ガラスにして、スープに入っている食材がコトコト煮込まれていくその過程をお客さまから丸見えにする空間デザインにします。

先ほど「チラ見せ効果」についてお話ししましたが、この場合は**あえてミステリーなスープの「丸見え効果」を狙う**のです。そうすれば、「その店がこだわっているスープがいったいどんなものなのか？」ということがお客さまに一目瞭然だからです。

普段は目にする機会のないスープの中身が丸見えだと、

「へえ、こんなにいろいろな食材が煮込まれていれば、きっと美味しいはず！」

「わあ、こんなぜいたくな食材も使っているから奥の深い味になるんだな！」

などとお客さまは勝手にあれこれ想像して、期待値を高めてくれます。

大切なのは、カッコイイ湯切りアクションではなく、最もお客さまの興味をそそるものにスポットライトを当てて効果的に見せることなのです。

一方、お好み焼きのように家庭でも作れる料理の場合は、家庭では出せない特別感を演出すると、お客さまの期待値や満足度が高まります。

私が店舗デザインを手掛けているお好み焼きチェーンの「千房」では、食材を鉄板焼きのようにトントンと鉄板上でリズミカルに刻む様子を見せたり、**照明を料理人のパフォーマンスに視線が集まるようなライティングにする**ことで、料理人が腕を高々と上げてマヨネーズを高いところから振りかけて仕上げる様子を「スペシャルなパフォーマンス」にしています。

お客さまは、目の前で「お好み焼き鉄板ショー」を見物している気分になり、調理人の鮮やかなパフォーマンスに期待値が一気に高まります。それによって、家庭のお好み焼きとは一線を画すその店ならではの「プレミアム感」をアピールできるのです。

お客さまは「うちではこんなにうまくできない」「ここでなければ味わえない特別な料理」と感じ、満足度がアップしてリピーター化します。

照明が暗いほど客単価が上がる

店の照明の明るさは、人の心理に大きな影響を与えます。

空間が煌々と輝いていると、人は「入りやすさ」と「安心感」を感じます。

逆に暗めだと、人は「特別感」や「高級感」を感じます。

お客さまは店内に入った瞬間、無意識に照明の明るさを感知しているので、店の照明が明るいと「ここはなんとなくリーズナブルな店」という心理になり、店の照明が暗めだと、「ここはなんとなく高級な店」という心理になるのです。

つまり、照明の明るさの違いによる心理作用は、「客単価」に影響を及ぼします。

一般に、店の照明が明るいほど、客単価が下がります。

逆に、店の照明が暗いほど、客単価は上がるのです。

たとえばファストフード店のように客単価が安価な店は、照明が1000ルクス以上で明るめになっています。

しかし、同じファストフードでも「スターバックスコーヒー」のように客単価がやや高めの店は、照明も暗めになっています。

ランチタイムに照明が明るい「マクドナルド」で100円のコーヒーを飲み、夕方に照明が暗めの「スターバックスコーヒー」でコーヒーに300円以上払っても違和感がないのは、味もさることながら、照明の違いによる心理効果があるからです。

高級レストランやホテルのメインダイニングなどは、蛍光灯のような明るい光ではなく間接照明を中心にした暗めのトーンに抑えられています。

するとお客さまは「特別感」を感じて気分が高揚し、たとえコーヒー一杯3000円でも許容範囲だと感じるのです。

私がチェーン店の空間デザインをするときも、ワンコイン系の客単価が低い店の場合は

お好み焼きの老舗チェーン「千房」のアッパー層を狙った「ぷれじでんと千房」のデザイン事例。高級レストランを思わせる格調高いインテリアで統一している

照明を明るくしますが、客単価がやや高めのプレミアム系のチェーン店のデザインをするときは照明を暗めにします。

たとえば、お好み焼きチェーン店の「千房」でも、アッパー層を狙った「ぷれじでんと千房」のデザインをしたときは、スタンダードな「千房」よりも照明のトーンを落とし、趣深い陰影を感じさせる照明デザインにしました。

このように店の空間デザインを考えるときは、**照明の明るさがお客さまに与える心理作用を考慮し、その店の客単価に合わせて照明計画を立てる**必要があります。

店の第一印象を決めるのは「店の顔」

居抜きの物件に出店したり、既存の店を改装する際にあまり予算がかけられないときは、照明デザインを変えるだけで、店全体の印象をがらりと変えることができます。

ポイントになるのは、「店の顔」であるエントランスの照明です。

アメリカの心理学者アルバート・メラビアンが提唱した**「メラビアンの法則」によると、人の第一印象は出会って数秒で決まり、第一印象を左右する要素の55％は視覚情報**です。

店の第一印象も同じです。

店のエントランスに立った瞬間、お客さまの視界を満たす「店の顔」が、お客さまの第一印象を決定づけるのです。


たとえば、エントランスにまんべんなく光が当たっているような平板なライティングだと、その店に対するお客さまの第一印象が薄くなります。

一方、エントランスが光と影のメリハリあるライティングになっていると、お客さまは外界とは異なる世界観を瞬時に察知し、「お、なんだかいい雰囲気！」と感じて店の第一印象がぐっとよくなります。


店の第一印象がいいと、お客さまの期待値や店の評価も高まります。

逆に第一印象が悪いと、それを引きずってしまい店全体の評価も下がってしまいます。

つまり、店をデザインするときは、店全体の評価につながるエントランスの照明を第一に考えることが大切なのです。


照明は空間デザインに不可欠な要素ですが、既存の照明器具だけにこだわる必要はあり

「華 千房　恵比寿ガーデンプレイス店」。店内は都心の夜景を満喫できるデザインに

ません。たとえば、店名のネオン看板をエントランスに設置すると、それが照明の役割を果たしてくれます。

　ファンタジックに発光するネオンの光によって非日常感を演出できますし、お客さまに店名を印象づけるブランディングにもなります。

　前述した私の店「ＯＬＬ ＫＩＴＣＨＥＮ」の外観には、赤いネオンを飾っています。夜道でもふわっと発光する赤いネオンが、お客さまの目を引くアクセントになることを狙っています。

　窓が大きく開かれた店なら、窓から差し込む「自然光」や夜景の「イルミネーション」を店の照明として取り込む手もあります。

私が設計デザインを手掛けた「華 千房 恵比寿ガーデンプレイス店」は、東京の夜景を一望できるロケーションでした。

この店の魅力は都心の高層階ならではのまばゆいイルミネーションなので、窓をスクリーンに見立て、客席をひな壇のように配置したデザインにしました。

店内の照明は最小限に抑え、宝石のようなイルミネーションを借景に取り込んだのです。

この店はお好み焼きチェーン「千房」の中でもカップルがメインターゲットなのですが、庶民的なお好み焼きも、夜景を眺めながらだと特別感が出て盛り上がります。

特にクリスマスの時期にはカップルの予約でいっぱいになるそうです。また、東京の夜景をバックにスタッフが鉄板焼きを作る様子がインバウンドに大人気です。

美味しい店に欠かせない色彩の法則

空間デザインによって、同じ料理でも美味しく感じる場合と、それほど美味しく感じない場合があります。

たとえば、次の2つの店で食事をするとしたら、あなたはどちらの店で食べたほうが美味しく感じると思いますか？

【A店】コーヒーブラウンの床、ベージュの壁、オフホワイトの天井
【B店】オフホワイトの床、ベージュの壁、コーヒーブラウンの天井

多くの方はA店とお答えになったのではないでしょうか？

空間に関する色彩心理学では、A店のように床が濃い色で、天井に向かって薄くなるほうが、心理的にストレスを感じにくく、リラックスできるといわれています。日本の小学校の教室なども、床が濃い色で天井は白っぽい色になっていますよね。

逆にB店のように床が薄い色で、天井が濃い色の空間に身を置くと、圧迫感を覚えます。濃い色のほうが心理的に重たく感じるので、天井全体が濃く重たい色だと違和感を覚えるのです。

つまり、フードやドリンクをより美味しそうに見せ、より美しく感じさせるポイントは、お客さまにできるだけ違和感やストレスを感じさせない色彩を配した空間デザインにすることです。なぜなら、人はストレス状態だと、どんなに美味しい料理でも、あまり美味しいと感じないからです。

床や天井の色は家具や照明器具のように簡単にチェンジできないので、床と天井の濃淡バランスを考えた色彩選びをしましょう。

店の内装に使う色数は、**3色以内に抑えたほうが落ち着いた雰囲気になります**。アクセント以外の4色使いは空間全体がごちゃごちゃして見え、お客さまがリラックスできないからです。

ただ、同じ色みでも微妙に異なる色が同居していると逆効果になる場合があります。たとえば同じ黄色系でも、レモンイエローとマスタードイエローでは印象がまったく異なります。レモンイエローは明るく澄んだ透明感がありますが、マスタードイエローは赤みや黒みが加算された色みなのでくすんだ色調です。

柑橘系の爽やかなレモンイエローはサマーカラーといわれますが、マスタードイエローはシックなオータムカラーです。

ファッションでは同色系のものをコーディネートすると統一感が出ておしゃれに見える

写真上・「フレッシュネスバーガー　天満関テレ前店」。店内は白とブルーグレーの落ち着いたトーンで統一

下・「フレッシュネスバーガー武蔵小金井店」。以前は「マクドナルド」だった店をシックにリニューアル

というセオリーがある一方、色みが微妙に違うものを合わせると、かえって野暮ったく見えるので避けるのが常套手段です。

空間デザインもこのファッションコーディネートに似ています。

色みが異なるものを組み合わせると、野暮ったい印象になってしまいます。店の空間デザインを考えるときは、こうした色みの微妙な違いを考慮する必要があります。

また、人は色から料理のイメージを連想します。

たとえば深紅やレモン色はイタリア

やスペインなど南欧系の料理、朱色っぽいチャイニーズレッドなら中華料理、スパイシーなカレー色はインド料理というふうに、その色を見ただけでおのずと固有の料理をイメージするのです。

店の空間デザインを考えるときは、そうした**人が連想しやすいイメージを踏襲したほうがお客さまにスムーズに伝わりやすい**といえます。

同じ店でも店舗デザインのベースカラーを変えることで、ターゲット層を変えることもできます。

私は2015年に「フレッシュネスバーガー」より依頼を受け、旧来のデザインである緑と黄色のカラーリングから白とブルーグレーのシックなデザインを提案しました。

また行きたい店には「シズル感」がある

お客さまに料理を「美味しそう」と感じてもらうには、料理の「シズル感」を演出するのがポイントです。

シズル感とは、ふわっと上がる湯気、つやっとした炊き立てご飯の照り、じゅわっと染み出す肉汁、トロッととろけるチーズなど、五感を刺激して食欲をかき立てる臨場感を表す言葉です。

シズルの語源は、肉がジューッと焼ける音を表す英語の擬音語「sizzle」で、デザインや広告の世界でよく使われる用語です。

料理人がお客さまの目の前で作る料理やお客さまの目の前に運ばれてきた料理にシズル感があると、**視覚、嗅覚、聴覚、触覚、味覚の五感を刺激されて、「うわっ、美味しそう！」「今すぐ食べたい！」という欲望がいやがうえにも喚起される**のです。

シズル感を演出するには、たとえば湯気が目立つハロゲン球のライティングにするとか、料理の色が鮮やかに見える白色系のライティングにするなど、**お客さまの目線で色彩と照明のバランスを考える**必要があります。

青みがかったライティングなど、色みの強い照明は料理の色が伝わりにくくなるので避けるべきです。

私が手掛けた「なか卯」では、うどんの湯気が目立つように鍋の前の壁を耐熱ガラスに替え、通常よりコストの高いハロゲン球を導入しました。それによってうどんの注文が約７％増えました。

SNSに投稿する店の料理写真にもシズル感が欠かせません。

プロのフォトグラファーは、料理の写真を査定するとき、レフ板と呼ばれる光を反射させる道具を使って料理に自然光のようなやわらかな光を当ててシズル感を演出します。

「ふわっ」「つやっ」「とろ〜り」「ジューッ」

ＳＮＳに投稿する画像は、こうした擬音の吹き出しを入れたくなるような写真にするのがポイントです。

シズル感のある写真を撮るには、できたての料理を撮影するのが鉄則。

時間がたつと料理が乾いてツヤがなくなってきたり、野菜がくたっとしてきたりしてシズル感がどんどん失われてしまいます。

また、暗い照明の下で料理を撮るのはＮＧです。

シズル感を出すには、やわらかな自然光が当たる窓辺や、白色系の明るい光の中で撮るのがおすすめです。

「あの店にまた行きたい」とお客さまに思われるには、店の空間デザインにも、ＳＮＳの写真にもシズル感が必須なのです。

「吉野家」の看板はなぜオレンジ色なのか？

看板の色や店のイメージカラーは、その店の集客に直結します。

「マクドナルド」の看板は、赤地に黄色い「M」マークです。しかし、アメリカではもともと黄色がメインカラーで、赤はメインカラーに使われていませんでした。

「日本マクドナルド」（現・日本マクドナルドホールディングス）の創業者・藤田田氏が、赤信号と黄信号を見て、日本で展開する店舗のイメージカラーを赤と黄に決めたそうです。

人は赤信号や黄信号には本能的に注意を払うので、赤や黄色の看板には自然と視線を向ける心理効果を狙ったのです。

第1章で「すき家」の店舗に時計が設けられている理由についてお話ししましたが、あれも視線を集める心理効果を狙ったものです。

では、「吉野家」は、看板がなぜオレンジ色なのだと思いますか？

これには有名な逸話があります。

今から半世紀以上も前、当時の「吉野家」の社長であった松田瑞穂氏がアメリカに外食ビジネスの視察に訪れたときのことです。

「あのオレンジ色の屋根は何だろう？」

広大な土地を車で移動していた松田氏は、**1㎞ほど前方に見える鮮やかなオレンジ色の屋根にとても目を引かれた**のです。

松田氏が見ていたのは、「ハワード・ジョンソン」というコーヒーショップの屋根でした。

「よし、これだ！　吉野家の看板もオレンジ色にしよう！」

松田氏は膝を叩き、その瞬間、吉野家の看板をオレンジ色にすることに決めたそうです。

暖色系のオレンジ色には、食欲を刺激したり気持ちを明るくポジティブにする心理効果があります。

たくさんの競合店が軒を連ねる繁華街では、遠くからでもぱっと目立ち、食欲を喚起し、ポジティブな印象を与える「吉野家」の看板はとても有利です。

明治時代に築地に牛丼の個人商店として誕生した「吉野家」が、関東大震災や東京大空襲の災禍をくぐり抜け、高度成長期の労働者の胃袋を満たし、巨大な牛丼チェーンとして躍進を遂げた大きなきっかけになったのは、このオレンジの看板だったのです。

繁華街でもひときわ目立つ
オレンジの看板が目印の「吉野家」

私がまだ駆け出しだった20代の頃に働いていた設計事務所が「吉野家」の設計に携わっていたこともあり、オレンジ色の看板には深いご縁を感じます。オレンジ色の看板を目にするたびに、ひと目で「吉野家」の存在がわかる秀逸な色彩だと思います。

「黒い吉野家」に反応した意外な潜在顧客とは？

「吉野家」にも、近年は見慣れたオレンジ色ではなくブラックをベースにした「黒い吉野家」が各地に登場しています。テレビやネットで話題になったこの「黒い吉野家」は、看板をオレンジから黒にしただけでなく、居心地を重視した空間デザインに刷新。「C&C（クッキング&コンフォート）」をコンセプトにしたモデル店舗として生まれました。

第一号の「黒い吉野家」が東京・恵比寿にできたのは、私が手掛ける以前の２０１７年。しかし、株式会社吉野家ホールディングスの社長と会長を歴任した〝ミスター牛丼〟こと安部修仁氏は、さらによりよくしたいと外部の設計士に依頼するよう相談されたそうです。

それを受けて、吉野家のアルバイトからトップに上りつめた現・吉野家ホールディングス代表取締役社長の河村泰貴氏が、「もっとスタッフが効率よく作業できるデザインに変えてほしい。もっと若いターゲットに訴求するデザインに変革してほしい」と、直々に私をご指名くださったのです。

別案件のデザインコンペで私が吉野家の歴史を表現した映像をプレゼンしたところ、河村社長と役員の方々が大変感激され、「牛丼屋をよく知っている大西君に『黒い吉野家』のデザインをお願いしたい」と言われたのです。

「黒い吉野家」は、誰もが知っているシンボルカラーの「オレンジの吉野家」に対する一種のチャレンジングな実験的存在です。

変えるなら、**「えっ、これがあの吉野家!?」と誰もが仰天するようなデザイン**にしようと私は考えました。

「黒い吉野家」に私が取り入れたのは、インダストリアルデザインの要素です。壁や天井はオフホワイトを基調にし、黒いアイアン素材のアイテムをアクセントに使いました。木材のインテリアやグリーンのナチュラルなテイスト、優しいトーンのファブリックをあしらうことで、カフェのような雰囲気にデザインしました。

店内写真だけを見れば、誰もこれが吉野家だとはまず思わないでしょう。

あたりが暗くなると、黒ベースの看板にオレンジのロゴマークと白文字の店名が夜景にくっきりと浮かび上がり、ひときわインパクトがあります。

現在、全国約30か所に「黒い吉野家」が進出して各地で話題になり、今後さらに増えていく予定です。

「黒い吉野家」に対するメディアやＳＮＳの反応はさまざまです。

「あの吉野家がおしゃれカフェみたいに変身！」

「その辺のカフェよりクオリティが高い！」

「ケーキやドリンクバーまである！」

「各席にＵＳＢポートやコンセントがあってＷｉ－Ｆｉも飛んでいる！」

――などなど、ターゲットである若い男女を中心に大好評です。

驚いたのは、**まったくノーマークだった60～70代のシニア女性が来店したこと**です。

この世代の女性は、若い世代と違って牛丼チェーンに入ることに抵抗感があるので、従来の吉野家ユーザーではありません。

「黒い吉野家」が吉野家デビューとなったシニア女性も多く、実は彼女たちは吉野家で食べてみたいというニーズを密かに持っていた潜在顧客だったのです。

シニア女性以外にも、今まではなかった女性のおひとりさま利用やテイクアウトも増えており、「黒い吉野家」は高い収益を上げています。

同じ吉野家チェーンでも、**看板の色や店舗の空間デザインをがらりとイメージチェンジしたことで、潜在顧客のニーズを掘り起こすという副次的効果を生み出すことに成功**したのです。

こうして「黒い吉野家」が大きな話題になり成功しているのも、「オレンジの吉野家」の認知度が日本全国に浸透していたからこそ。その対照的な存在としての意外性が際立つのだと思います。「黒い吉野家」はまだまだ進化するかもしれない未知のパワーを秘めた

写真上・「吉野家 川口柳崎店」。店内は白を基調とし、インダストリアルデザインのテイストを随所に取り入れた

左・「吉野家 大井町西口店」。「オレンジの吉野家」とは異なるシックなエントランスで記念撮影をする人も多い

下・「吉野家 柏東口店」の内観。カフェのような内装デザインに驚くお客さまが多い

存在です。

大切なのは、「オレンジが決まりだから、ほかの色なんてありえない」と、ひとつのブランドイメージに固執するのではなく、**自らのブランドイメージの殻を打ち破っていく革新的なチャレンジ精神**だと思います。

COLUMN

オープン1年目の「モテ期」に10年分稼ぐ

チェーン店が地方に初出店すると、必ずオープン初日に長い行列ができます。

大都市に住んでいる人なら毎日駅前で目にするような店でも、地方に行くと一軒もないことがあるので、その地方に初出店となると人がわっと押し寄せるのです。

「今度できるモールに『デンバープレミアム』が入るらしいよ！」

「へえ、行ってみたい！」

ショッピングモールなどが地方にオープンする前に出店が告知されるので、事前に話題になります。

私は自分が手掛けた店のオープニングに参加することが多く、どこに行っても開店前から長蛇の列ができている光景を目にしてきました。すごいときは最寄り駅の構内から店まで行列ができていたこともあります。

「こんなにみんなが並んでいるなんて、きっと美味しいに違いない。私も並ぼう」

行列を見た人がさらに並び、ＳＮＳで「話題の店に行ってみた！」「こんなのを食べました！」などと情報が拡散されると、ますますその店の注目度が上がっていきます。

こうしたことから、地方に初出店するとオープンからしばらくは行列が絶えないのです。

ただし、その行列が永遠に続くわけではありません。

COLUMN

オープン1年目の「モテ期」に10年分稼ぐ

オープン月は売り上げが2000万円を超えたとしても、数か月もたてば話題性がなくなるので売り上げは右肩下がりに落ちていきます。1年後には行列が幻のように姿を消します。

つまり、チェーン店が地方に出店したとき、最も稼げるのはオープン1年目なのです。おぎゃあと生まれてから1年が、その店最大の「モテ期」。

だからオープンバブルで行列が絶えないうちに、最高のおもてなしをしてお客さまのハートをがっちりつかんでリピーターに育てる必要があります。

そのためにも、ここまで本書で紹介してきた「ダサカッコイイ」デザインで、お客さまにストレスを感じさせない店づくりが欠かせません。

オープン1年目に10年分の売り上げを出せば、初期投資の開店費用を素早く回収できるので月々の固定費の重圧で経営難に陥るリスクも軽減できます。

チェーン店は、ぜひ最初の1年に勝負をかけてください。

第5章

ダサカッコよく生き残れ！

「ダサカッコイイ」が紡ぐ多様な未来

繁盛店を作る空間デザインのポイントをさまざまな角度から論じてきましたが、コロナ禍による未曽有の危機に世界が直面しているなか、店舗デザインの世界も大きなパラダイムシフトを迫られています。

たとえば99ページで紹介した「ゴーストレストラン」や「クラウドキッチン」が今後さらに進化していくと、店舗そのものが必要なくなります。

また、オンライン飲み会が常態化すれば、店舗で飲食をする機会も減ります。

そうなると、店舗の空間デザイン概念そのものも大きく変わります。

従来のデザインの価値観や方法論が通用しなくなり、新たな変革を余儀なくされます。

「そんなデザインはもう流行遅れでダサい」

「空間デザインとはこうあるべき」

「うちの規則だから従って」

もう、そうした固定観念に縛られている時代ではないのです。

流行りもののしっぽを追いかけたり、古い価値観やノウハウだけにしがみついていては、決して生き残れません。

たとえば「赤がウケたから、全部赤でいこう」ではなく、「あの店は赤が合うけど、この店は黒がいいね」

そんなふうに一つ一つ丁寧に向き合って考えていかなければなりません。

答えは決して一つではないので、柔軟かつ多角的な捉え方が必要です。

私の提唱する「ダサカッコイイ」とは、そうした多様性を認めるデザイン姿勢です。

１０３ページで「ダサカッコイイ」とは相反する概念をさらに高い段階で融合して生かす哲学の概念に通じるというお話をしましたが、大切なのは単なる見た目のデザインや小手先のテクニックだけでなく、その根底にあるデザイン哲学を包摂したトータルなデザインの考え方なのです。そこを決して間違えないでください。

本章では、チェーン店も個人店も含めたこれからの時代の店舗デザインの可能性について探り、ビジネスのヒントになるアイデアをランダムにご紹介します。

「おい、生ビール1000円」も「店の顔」

「おい、生ビール」……1000円（税別）
「生一つ持ってきて」……500円（税別）
「すいません。生一つください」……380円（定価）

２０１８年に東京・神田などにある「大衆和牛酒場 コンロ家」の店頭に、こんな貼り紙があると話題になったことがあります。

「お客様は神様ではありません。また、当店のスタッフはお客様の奴隷ではありません」

貼り紙にはそんな言葉も書かれていました。

店員に横柄な態度をとる人がいかに多いかという皮肉を込めた店側からのメッセージです。なかなか思い切った方法ですが、これを店頭に貼ることにより、お客さまはこの店の毅然とした接客姿勢を即座に感じ取ります。

「お客さまは神さま」が当たり前の日本で、こうしたメッセージは逆に話題になります。実際、この店の写真がＳＮＳで拡散され、テレビニュースでも取り上げられていました。

「エントランスは店の顔」というお話をしましたが、これも一つの「店の顔」です。

すっきりおしゃれに見せることも大切ですが、**お客さまに店側の強いメッセージを視覚情報として伝えることも時には必要**です。

私の経営する店のエントランスに感染予防対策のポスターを貼り出したり、お持ち帰りOKののぼりを立てたりしたのも「うちは安心・安全な店ですよ」というメッセージを視覚的に訴えるためです。

これからの時代は、デジタル技術を活用した平面ディスプレイやプロジェクションマッピングなどを利用することにより、もっと洗練されたかたちでメッセージを伝えていく方法もあると思います。

チェーン店だからこそできる大胆な冒険

「チェーン店はどこもよく似ていてつまらない」

こう言われることがあります。

しかし、私が手掛けてきた膨大な数の店のデザインは一軒一軒が異なります。

店名やロゴマークは同じでも、立地やターゲットによって店のレイアウトや仕様を細かく変えています。

これからの時代は、「黒い吉野家」のようにもっと思い切ったチャレンジが必要なのではないかと思います。既存の人気店のスタイルに便乗するのではなく、もっと独自性を追求していかなければ生き残れません。


たとえば、私が香港に作った「味千ラーメン」を例にチェーン店のオリジナルデザインについてお話ししたいと思います。

熊本発祥の「味千ラーメン」は本店のある熊本市を中心に約60店舗ほどを展開しているラーメンチェーンです。

一方、ラーメンの本場である中国では「味千ラーメンは中国人の国民食」といわれるほど人気が高く、中国・香港全域に約８００店を展開しており、世界各国に進出しています。

私が依頼されたのは、香港の観光地となっている若者に人気の繁華街に出店する「味千ラーメン」でした。

通常、観光地に行くと、その土地ならではの名物を食べたがる人はいますが、いつも食べているものをわざわざ観光地でまで食べようと思う人は少ないはずです。観光は非日常ですが、中国人や香港人にとって国民食である「味千ラーメン」は日常です。

そこで私は「味千ラーメン」を見慣れた現地の人が、**「ええっ、これがあの『味千ラーメン』なの!?」と目をぱちくりさせるような近未来的なデザイン**にしました。

「味千ラーメン」香港店のエントランス。
ガラス張りのエントランス前には連日大行列ができている

スタンダードな「味千ラーメン」とはまったく異なる
近未来的なデザインの香港店

私は2016年から「味千ラーメン」のデザイン顧問をしているのですが、中国や香港にある通常の「味千ラーメン」の店舗デザインはテーマカラーの赤と黒を基調にした落ち着いた雰囲気です。

もちろんエリアによってデザインは異なりますが、近未来的なデザインの「味千ラーメン」は世界のどこにもありません。

しかし、たくさんの魅力的な飲食店が立ち並ぶ繁華街で、**ターゲット層の若者に選んでもらうためには意外性のあるデザインが必要**だと私は考えたのです。

そこで、エントランスには店名を漢字ではなくローマ字で大きく表示し、ほかの「味千ラーメン」とはまったく異なることを強く印象づけました。

また、店内を一望できるガラス張りのエントランスにし、店の前を通るだけで目を引くようにイメージカラーの赤を利かせたラインやネオンを天井や壁に大胆に配しました。ガラス張りのエントランスから店内を覗くと、まるで近未来SF映画のワンシーンのように見える効果を狙ったのです。

その結果、オープン初日から大盛況で、店の前には写真を撮る人だかりが絶えませんでした。現地の人たちにとって見慣れた「味千ラーメン」が**観光名物の一つになった**のです。

誰もが知っている知名度の高いチェーン店はど、こうした意外性のある店を作ると話題になり、新たな付加価値となります。

既存のルールに縛られない柔軟性のある店舗展開をすることで、ブランドイメージも上がるのです。

各地のチェーン店でオンライン飲み会

コロナ禍で家飲みやオンライン飲み会が増え、飲食店の利用者が今後ますます減るのではないかと懸念されています。

私は、それを逆利用したサービスができるのではないかと日々考えています。

たとえば、居酒屋チェーンで「オンライン飲み会システム」をつくってみてはどうでしょう？　参加者は最寄りの居酒屋チェーン店に設置されたオンラインモニターの前に座り、参加者とワイワイ会話しなら同じメニューを満喫するのです。

これなら密な状態を避けながら、全国にいる仲間と気軽に飲み会を楽しめます。

オンライン飲み会はネット環境によってつながりにくかったりするストレスはあります

が、店に行けば即相手とつながるのでそうしたストレスからも解放されます。

また、離れていても同じインテリアで統一すれば、同じ空間にいるような一体感が生まれます。プランによってインテリアの雰囲気を変えることで、ラグジュアリー感やプレミアム感を演出することもできます。

さらに、離れていても同じメニューを共有できるので、

「このポテサラすごく美味しくない？」

「うん、具だくさんで美味しいよね！」

「その土瓶蒸し、熱いうちに食べたほうがいいよ」

「じゃあ、すぐ食べちゃおう！」

などと会話も盛り上がります。

ライブ演奏などを行えば、それを同時に楽しみながら思い出を共有できます。

予約から会計までオンライン決済できるようにすれば、面倒な割り勘の手間も省けます。

こうしたサービスは、**同じ居酒屋チェーンが全国各地にあるからこそ成立します**。

時代の変化に伴うお客さまのニーズに応じたサービスを新たに創造することで、飲食チェーンの未来をプラスの方向に変えていけるのです。

バーチャルなエクスペリエンス消費の未来

これからの時代は、モノを売るのではなく、「コトを売る時代」といわれています。

私はアリババのグループ会社から中国・杭州にある百貨店の店舗デザインを依頼されたことがあります。

私が提案したのは、店内に商品を並べる従来型のフロアデザインではなく、**展示商品を従来の10分の1に減らすバーチャルなフロアデザイン**です。

たとえば、ある女性が水着を買いにきたとします。

フロアには各種の商品を着たモデルの映像が壁一面に流れており、それを見ながら、お気に入りの水着をいくつか選びます。

店員はストックルームからその女性のサイズに合う水着をチョイスし、女性をフィッティングルームにいざないます。

まるでリゾートホテルの一室のようなフィッティングのドアを開けると――、

目の前には真っ青な海に、どこまでも続く白い砂浜。

海にはイルカが泳ぎ、頭上にはヤシの葉が揺れています。

壁一面に映されたビーチの映像と、心地いい波音のBGMが流れるなか、彼女の気分はもうリゾート一色です。

フィッティングルームの一角にはホテルのようなクローゼットがあり、おしゃれなスーツケースやリゾートハット、サングラスなどの商品がセレクトされています。

もちろん、気に入ったアイテムは水着と一緒に購入できます。

さらに、試着した姿を映すミラーのすぐ横にはハワイやモルディブなど、世界各地のリゾートの映像やツアー情報が流れており、気になる情報をタップすると、そのままオンラインで予約ができます。

いかがですか?

水着を試着しながら、リゾート体験をシミュレーションでき、気に入れば水着から旅行まですべて購入できるのです。

もちろん、私たちは生身の人間ですから、何もかもバーチャルにすればいいわけではありません。フィッティングルームのデザインひとつで、消費者の購買内容が変わるので、雰囲気を盛り上げるリアルな空間デザインが必須です。

まだこのアイデアは実現していませんが、**近い将来にはこうした体験型消費が当たり前**になると私は予測しています。

経済が縮小しているアフターコロナの時代こそ、従来の常識にとらわれないこうした大胆なアプローチが必要なのです。

小学2年生のときに志した設計士の夢

最後に、私がいかにして日本一多くのチェーン店を手掛ける設計士になったのかというお話をします。

私は1978年、兵庫県神戸市に生まれました。幼少期は父方の田舎にある、かくれんぼができる大きな家に住んでいて、当時は自宅が広いのは普通だと思っていました。

ところが小学2年生のとき、家の事情で2LDKの家に引っ越したのです。それまでは自分の部屋があったのに、いきなり弟と同部屋になり私は大ショックを受けました。

そんな折、たまたま泊まりがけで遊びにいった友人宅で、その子の父親が朝食に美味しいホットサンドを作ってくれました。私の父は夜勤が多く朝もほとんど家にいなかったので、朝からそんなおしゃれな朝食を作ってくれる父親がいることに驚きました。

いったい友人のパパは何をやっている人なんだろう？

興味津々で友人の母親に尋ねると、「設計士」だと教えてくれました。

「ねえ、設計士って何をする人？」

「お家やいろんな建物の形を考えて作るための絵（図面）を描くんだよ」

「そっか！　じゃあ、ぼくは自分の部屋を作りたいから設計士になる！」

私が設計士を志すきっかけになったのは、そんな無邪気な理由だったのです。


憧れの設計士になるための最短コースとして、私は工業高校の建築科に入学し、卒業後は建築会社に就職して実地で働きながら設計士になる道を選びました。大学で建築学を学ぶより、そのほうが早く現場の仕事に携わることができると考えたのです。高校在学中も建設現場で職人さんと共にアルバイトをしていたので、10代の頃から建築現場で鍛えられていました。

高校を卒業したときは折しも就職氷河期でしたが、運よく神戸の三大ゼネコンに就職。そこで建築工事の現場監督の仕事をしながら資格取得の勉強をし、21歳で建築士の免許を取得して念願の設計士になったのです。

ところが、3年もたたないうちに会社が倒産するという憂き目に……。

「今までは会社の名前で仕事ができたけど、会社がなくなってしまえば個人は無力だ。いずれは自分自身の足で立たなければだめだ！」

私はそのとき、固く心に誓いました。

当時はまだ21歳でしたが、ＣＡＤ（コンピュータを用いて設計する設計支援ソフト）もでき、図面も引け、建築現場もよく知っているという強みがありました。

ただ、設計士としての実務経験はなかったため、私は設計事務所に再就職し、そこで初めて小学2年生のときから憧れていた設計士として働くことになったのです。

とはいえ、設計士の仕事は美容師の見習いアシスタントと似ており、若いときは雑用しかさせてもらえません。

「ぼくにもぜひ設計をさせてください！」

私は上司にしつこくアピールし、ようやく「モスバーガー」の設計にサブで携わらせてもらうことができました。

当時は「モスフードサービス」の傘下に「なか卯」があったことから、大阪昭和町店の

「なか卯」の設計を任されることになりました。それが143ページでお話しした20坪の店です。私の勤めていた設計事務所は、マンションなどの大型物件から「吉野家」をはじめとするチェーン店の店舗デザインまで多数手がけていたので、その中で最も狭い店舗の設計を私に任せてくれたのです。

初めて念願の設計を一任されて奮起したものの、ただでさえ狭い店内には階段があり、客席スペースがほとんど取れません。

「うーん、客席数を確保するには、厨房スペースをぎゅっとコンパクトにするしかない。ということは、厨房内のスタッフが動きやすいデザインにしなければ……」

さんざん悩んだ挙げ句、私は厨房の機能を損なわないようにしつつ、スペースを60％も縮小するという禁じ手に出たのです。

ベテランの設計士ならこんな突飛な発想は出てこないと思いますが、**経験の浅い私には「こうでなければならない」という固定観念がありませんでした。**

結果的にこれが功を奏し、厨房スタッフの作業効率も上がって売り上げがアップしたと感謝されました。この一件が、のちに西日本を中心とした「なか卯」の設計を任される大きな足掛かりとなったのです。

チェーン店の設計数日本一への道程

「さあ、これから設計士としてバリバリ頑張るぞ！」

と鼻息を荒くした矢先、私が働いていた設計事務所の社長が病に侵され、急遽事務所を閉鎖することになり、23歳で再び失業……。

しかたなくパチンコ店に入り浸っていた私のところに、「なか卯」の設計をしていたときにお世話になった役員のから電話がありました。彼は「吉野家」や「モスバーガー」の店舗開発に長年携わってきたチェーン店業界のやり手でした。私に間口の狭い店や階段がある店は繁盛店にならないと教えてくれたのも彼でした。

「大西君、めしでもどうだ？」

実は食事は口実で、目的は当時の「なか卯」の社長との面接でした。

当時の私はまだ24歳。金髪ロン毛の若造でしたが、社長は面接後にこう言いました。

「大西君を言い値で雇いたい」

ツルの一声で、私は同年代と比べると破格の給与で「なか卯」に招かれたのです。

当時の「なか卯」は上場したばかりで、１０００店の出店を計画していました。

西日本の「なか卯」の出店を一手に任された私は、3年間で約500店の設計を手掛けることになったのです。

ところが27歳のときに「なか卯」が外食チェーン最大手の「ゼンショー」(現・株式会社ゼンショーホールディングス)に買収され、私は「ゼンショー」のグループ会社に出向することになりました。「ゼンショー」傘下の「すき家」は、それまで「なか卯」のライバルでした。

少し複雑な心境でしたが、その日から私は「すき家」をはじめ、「ココス」「ビッグボーイ」など「ゼンショー」が運営するチェーン店のデザイン監理を毎年100店以上のペースで手掛けることになったのです。

2007~2009年当時は、まさに日本中に各種チェーン店が激増した第二次外食ブームの最盛期です。

チェーン店業界全体が猛スピードで拡大し続けるなかで、**私は経験値を上げながらチェーン店設計数日本一の階段を駆けのぼっていった**のです。

ただ、私は21歳で失業した頃から「いつか独立して自分の足で立つ」と決めていたので、

2010年に独立して「OLL DESIGN株式会社」を兵庫県芦屋市に設立しました。

初期メンバーは設計士の私とグラフィックデザイナー、パース制作者の3人のみという少数精鋭の布陣でした。通常の設計事務所はグラフィックデザインもパース制作もアウトソーシングしますが、私は設計デザインのイメージを素早く視覚化してくれるプロが会社には不可欠だと考えたのです。

独立したからには前職のネットワークには頼らず、地道に一からコツコツ仕事を開拓。個人店から百貨店やショッピングモールに銀行まで、仕事のバリエーションが増えました。

初めから順風満帆だったわけではありませんが、10年を経て現在は9人の建築デザイナーを抱え、国内外の幅広い事案の設計に携わっています。たった今も大手回転ずしチェーンと大手ラーメンチェーンの大型デザインコンペに取り組んでいます。

今後も、店舗デザインに限らず今まで手掛けたことのない仕事にもどんどんチャレンジし、「ダサカッコイイ」デザインをダサカッコよく究めていくつもりです。

おわりに

子どもの頃に憧れた設計士になって21年。膨大な数の店舗を設計し続けながら、ジェットコースターで山道や坂道を疾走し続けてきたような気がします。

その間、地元の幼なじみから、会社員時代にお世話になった方々、独立してからもデザイン依頼をしてくださる国内外のクライアントなど、本当に多くの方々に助けられてきました。お一人お一人のお名前を挙げると、それだけでページがぎっしり埋まってしまいますので、大変僭越ながらこの場を借りて、皆さまに深く感謝申し上げます。

「日本一チェーン店を作った設計士」といわれるようになったのも、皆さまのあたたかいご支援のおかげです。

「大西君はチェーン店に強いんだね」

実は、私自身は自分がチェーン店の設計に強いという自覚がまったくなかったのですが、海外視察中に知り合った当時サトレストランシステムズ株式会社の重里欣孝会長と会話しているときにそう言われて、私は初めて自分の強みに気づきました。

もちろん、チェーン店とひとことでいっても千差万別です。その一つ一つに向き合い、その店で働くスタッフとその店を利用する人の明るい笑顔を思い浮かべながら、心を砕いて知恵をしぼり、よりよい空間をつくるために邁進してきました。

そのすべてが、かけがえのない私の宝です。

本書でご紹介した事例やアイデアはまさに私の宝で、皆さまのこれからの店舗作りにお役立ていただければこの上ない幸せです。

今は神戸市の都市開発にかかわるお手伝いや専門学校での講義など、活動の幅を広げています。今後も特定のジャンルにこだわらず、さまざまなチャレンジをしていくつもりです。自分の実績にあぐらをかくのではなく、常に既成概念を打ち壊すデザインやアイデアを追求し続けていくことが私の使命だと思っています。

皆さまがあっと驚くような「ダサカッコイイ」デザインを世界にどんどん発信していくので、ぜひ楽しみにしていてください！　最後まで拙文をお読みいただきありがとうございます。本書がコロナ危機の中で頑張っている方々へのエールになれば幸いです。

2020年9月　大西良典

大西良典（おおにし よしのり）

外食チェーン店のデザイン数、日本一を誇る「職人出身の建築デザイナー」。OLL DESIGN株式会社代表取締役。1978年、兵庫県神戸市生まれ。小学2年生のときに設計士になることを決意。兵庫県立尼崎工業高校建築科に入学。高校在学中に3年間の建築現場職人を経験。高校卒業後に神戸の三大ゼネコンに入社し、21歳で建築士になる。24歳で「なか卯」の店舗システム部にヘッドハンティングされ、27歳で「すき家」をはじめとする各種外食チェーンを運営する「ゼンショー」のグループ会社に出向。2010年に独立し、OLL DESIGN株式会社を兵庫県芦屋市に設立。現在、9人の建築デザイナーを擁し、東京と中国・上海に支社を設立、国内外で店舗デザインを展開する。近年では、中国の大手コンビニチェーンやタイ、マレーシアなどのASEAN地域のほか、南米、ヨーロッパ、ドバイなど世界各国で多数のプロジェクトが進行中。毎年春には芦屋市周辺から中学生を受け入れ「社会体験プログラム」を実施。インターン生を受け入れ、建築設計分野への就職を目指す大学・専門学校生の教育支援にも力を入れている。

■デザインを担当した有名外食チェーン店

なか卯／すき家／吉野家／かつや／すた丼／ココス／ビッグボーイ／デンバープレミアム／牛カツ京都勝牛／千房／モスバーガー／フレッシュネスバーガー／サーティワンアイスクリーム／英國屋／まこと屋／味千ラーメン／ローソン／すかいらーくグループ／サトフードサービスグループ/ゼンショクグループ ほか多数

コロナ危機を生き残る飲食店の秘密
～チェーン店デザイン日本一の設計士が教える「ダサカッコイイ」の法則～

発行日　2020年10月2日　初版第1刷発行

著　　者　大西良典
発 行 者　久保田榮一
発 行 所　株式会社 扶桑社
〒105-8070
東京都港区芝浦 1-1-1　浜松町ビルディング
電話　03-6368-8870（編集）／03-6368-8891（郵便室）
www.fusosha.co.jp

印刷・製本　サンケイ総合印刷株式会社

Printed in Japan　ISBN978-4-594-08605-3